AF465223

f°F 133f8

A92 - 602/847

LA FAMILLE MUSULMANE

PAR

Marcel MORAND

PROFESSEUR A L'ÉCOLE DE DROIT D'ALGER

ALGER
TYPOGRAPHIE ADOLPHE JOURDAN
IMPRIMEUR - LIBRAIRE - ÉDITEUR
4, Place du Gouvernement, 4

1903

[2011279]

LA FAMILLE MUSULMANE

4° F.
13348

LA FAMILLE MUSULMANE

PAR

Marcel MORAND

PROFESSEUR A L'ÉCOLE DE DROIT D'ALGER

ALGER
TYPOGRAPHIE ADOLPHE JOURDAN
IMPRIMEUR - LIBRAIRE - ÉDITEUR
4, Place du Gouvernement, 4

1903

ACQ 1995008529

LA FAMILLE MUSULMANE

1. — « Scientifiquement interrogées, dit Létourneau, l'ethnographie et l'histoire répondent qu'à condition de durer suffisamment les sociétés humaines évoluent régulièrement, par étapes successives, qui sont : l'anarchie, le clan communautaire, la tribu républicaine d'abord, aristocratique ensuite, puis la monarchie, qui commence par être élective pour devenir héréditaire. Enfin certaines nations d'élite répudient de bonne heure la forme monarchique pour faire retour à un régime républicain, fort différent d'ailleurs de celui des tribus primitives, et préludent ainsi à des formes sociales nouvelles, encore cachées dans l'avenir » (1). Toujours est-il que « le clan familial se rencontre à l'origine de toutes les sociétés humaines et semble bien être un stade nécessaire » (2), et, qu'à un moment donné de leur existence, ces sociétés se présentent sous l'aspect, non pas de groupements d'individus, mais *d'agrégation de familles* (3) ayant ou croyant avoir une origine commune.

Or, dans un tel milieu social, la famille est tout. En dehors de la famille à laquelle il appartient, l'individu n'est rien ; il n'est membre du groupe social qu'à la condition de se rattacher à une famille de ce groupe, et une famille n'appartient à ce dernier qu'à la condition d'être, avec les autres familles qui en font partie, en communauté d'origine. L'individu n'existe que dans sa famille et par sa famille. A la tête, en effet, de chacune de ces agrégations de familles, se trouve placé un chef ; celui-ci, toutefois, ne gouverne qu'avec l'assistance des chefs de famille du groupe ; il ne peut prendre, sans leur consentement, aucune décision importante (4) ; mais il

(1) Létourneau, *L'évolution politique dans les diverses races humaines*, Préface, VII.

(2) *Eod. loc.*, p. 527.

(3) Sumner Maine, *L'ancien droit*, trad. Courcelle Seneuil, p. 119.

(4) Létourneau, *op. cit.*, p. 229 et 529.

n'a de rapports qu'avec les familles représentées par leurs chefs; il n'a point à compter avec les individus, de même que, sur eux, il n'a pas d'action ; il ne peut rien, ni pour eux, ni contre eux. — Dans une telle société, la famille constitue bien la véritable unité politique.

D'autre part, à cette époque de l'histoire des sociétés humaines, les relations entre individus d'un même groupe, mais appartenant à des familles différentes, n'ont pas le caractère de relations individuelles. Celui qui contracte ou subit une offense, ne peut compter, pour poursuivre l'exécution de la promesse qui lui est faite ou obtenir la réparation qui lui est due, que sur l'assistance de ses proches ; aussi ne manque-t-il pas de s'assurer la participation de ces derniers au marché qu'il conclut, ou de réclamer leur aide dans la lutte qu'il va entreprendre pour venger l'offense reçue par lui. Si bien que les relations ébauchées entre individus mettent toujours deux familles en présence, de même que toute offense déchaîne la guerre entre la famille de l'offenseur et celle de l'offensé. Aussi les affaires, entre individus de familles différentes, ressemblent-elles « beaucoup plus à des affaires internationales, qu'à un commerce rapide entre individus » (1). En fait de rapports individuels, à cette époque, on n'en conçoit pas d'autres que ceux qui résultent de la constitution de la famille (2). — En sorte que, si la famille se trouve être, dans une telle société, la véritable unité politique, elle y est également la véritable unité sociale.

2. — Puis, tandis que la société se développe et progresse, le rôle politique de la famille tend à se restreindre, en même temps que son importance sociale tend à décroître. « A mesure que l'État acquiert une organisation puissante, qui absorbe les communautés particulières, l'importance de la famille, comme association politique s'efface, et le pouvoir du chef s'amoindrit » (3). L'État ignore de plus en plus la famille, pour ne plus connaître « que les individus, traitant directement avec eux » (4).

En outre, à ces relations entre individus de familles différentes, qui ne se nouent jamais sans la participation de ces familles ni ne se règlent sans leur intervention, qui ne sont

(1) Sumner Maine, *op. cit.*, p. 119.

(2) *Eod. loc.*, p. 156.

(3) Kœnigswarter, *Histoire de la constitution de la famille en France*, p. 327.

(4) Gr. Encyclopédie, v° *Famille*, p. 1180, col. 1.

jamais que des relations *interfamiliales*, se substituent peu à peu des relations individuelles. « Le mouvement des sociétés progressives a été uniforme sous ce rapport... Il a été remarquable par la dissolution graduelle de la dépendance de famille, qui a été remplacée peu à peu par des obligations individuelles » (1). — En somme, alors que « l'unité de l'ancienne société était la famille, celle de la société moderne est l'individu » (2). Si bien qu'il arrive un moment où la famille, au point de vue social comme au point de vue politique, n'existe, pour ainsi dire, plus.

3. — Ainsi l'existence de la famille cesse, en quelque sorte, de se manifester au dehors ; la famille semble se concentrer peu à peu, se replier sur elle-même et n'être bientôt plus animée que d'une vie purement interne. Mais à cela ne se réduit pas l'évolution de la famille ; car ce n'est pas seulement la vie extérieure de la famille qui se transforme, c'est également sa vie intérieure qui, avec le temps, se modifie. Tandis qu'à l'origine, les divers membres de la famille, c'est-à-dire tous ceux qu'unit le lien de la parenté, restent groupés sous l'autorité d'un chef, occupant un quartier déterminé de la cité ou vivant sur le même domaine, — sous l'influence du progrès économique principalement, ce groupe compact se désagrège et ses membres se dispersent, et le mot famille qui, primitivement, n'a qu'un sens, en arrive à avoir une double signification, et à être employé pour désigner, tantôt l'ensemble des individus issus d'une même personne et vivant sous le même toit, tantôt les groupes de personnes vivant séparés et souvent loin les uns des autres, mais réunis entre eux par le lien d'une commune origine (3). — D'autre part, alors qu'à certaines époques, il n'est de parenté que par les femmes, qu'à certaines autres, il n'est de parenté que par les mâles, les peuples modernes attribuent, généralement, à la parenté masculine et à la parenté féminine, une importance égale. Et, tout naturellement, à chaque conception nouvelle de la parenté, correspondent des modifications dans la composition, dans la constitution de la famille.

4. — Or, lorsqu'on étudie l'histoire des communautés musulmanes, on remarque que, dans la plupart d'entre elles, la famille a conservé presque intégralement son rôle politique

(1) Sumner Maine, *op. cit.*, p. 160.

(2) *Eod. loc.*, p. 119.

(3) Gr. Encyclopédie, v° *Famille*, p. 1183, col. 2.

et son importance sociale ; — l'on constate, en outre, que, chez toutes, la constitution de la famille n'a subi, pour ainsi dire, ni modifications, ni transformations.

Aussi, une étude de la famille musulmane nous paraît-elle être le préliminaire indispensable de celle que nous proposons de consacrer au droit musulman des personnes.

Nous rechercherons, tout d'abord, ce qu'était la famille chez les Arabes de l'époque préislamique, — ce qu'elle est devenue sous l'influence des réformes réalisées par le Prophète, — ce qu'est la famille musulmane chez les peuples musulmans de l'époque actuelle. — Et après avoir constaté que la famille musulmane n'a, en quelque sorte, point évolué, — nous nous efforcerons de mettre en relief les raisons pour lesquelles il en est ainsi, alors qu'il semble que, partout ailleurs, il en fut autrement.

I

5. — « Une infinité de tribus, les unes sédentaires, le plus grand nombre constamment nomades, sans communauté d'intérêts, sans centre commun, ordinairement en guerre les unes avec les autres, voilà l'Arabie au temps de Mahomet (1) ». — Parmi ces tribus, les unes, prétendant descendre de Kahtan, se tenaient pour nobles et se croyaient en droit de mépriser les autres, lesquelles se rattachaient à Adnan (2). — D'autre part, chacune d'elles était constituée par la réunion d'un certain nombre de familles, et se donnait pour chef celui qui, parmi les chefs de ces différentes familles, paraissait être le plus méritant. Or, fatalement, dans les groupements de cette nature, la famille la plus nombreuse, la plus riche, par là même la plus puissante, réussissait aisément à dominer les autres, à faire prévaloir son influence, à imposer et à maintenir son chef comme chef de la tribu. Et comme le commandement était ainsi donné au plus digne, on en était arrivé, pour expliquer que certaines familles pûssent ainsi accaparer la direction permanente de la tribu, à penser que les « vertus bédouines étaient héréditaires » (3) dans ces familles, à admettre l'existence de familles nobles. — D'ailleurs, les pouvoirs du chef de tribu étaient peu considérables, et son autorité très restreinte ; il ne pouvait rien qu'avec le concours des autres chefs de famille, et son rôle se bornait à veiller aux intérêts généraux de la tribu (4).

***

6. — Quant à l'individu, il vit « sans autre autorité et sans autre garantie que celle de la famille » (5). De là, entre les membres d'une même famille, une solidarité des plus étroites. De là, l'intervention ou l'assistance des proches, dans les relations pacifiques comme dans les conflits entre individus

(1) Dozy, *Histoire des musulmans d'Espagne*, t. I, p. 16.

(2) Ibn Khaldoun, *Histoire des Berbères*, trad. de Slane, t. I, p. 1, note 2.

(3) Dozy, *op. cit.*, t. I, p. 9.

(4) *Eod. loc.*, p. 4 et suiv.

(5) Renan, *Histoire des langues sémitiques*, p. 14.

de familles différentes (1). L'injure faite à un prétendant éconduit suffit à mettre aux prises deux familles jusqu'alors amies (2). De même, la composition, due à l'occasion d'un meurtre, est dette de la tribu du meurtrier, et c'est aux *asibs* de la victime qu'elle doit être payée (3). — De même, aussi, la convention de mariage paraît être un arrangement entre familles, bien plutôt qu'un accord entre les conjoints, la dot étant promise et devant être payée, non à la femme, mais à ses proches (4).

Et ce n'est pas seulement dans les tribus nomades ou plus ou moins sédentaires de l'Arabie qu'il en est ainsi. L'importance de la famille n'est pas moindre chez les citadins, chez ceux qui, s'adonnant à l'agriculture et au commerce, vivant d'une vie parfaitement sédentaire, plus paisible et plus sûre, se trouvent soumis à des influences qui, d'ordinaire, déterminent la désagrégation de la famille. C'est ainsi qu'à la Mecque, chaque famille occupait un quartier déterminé de la ville. Lorsque, vers l'an 445 ap. J.-C., Cossay résolut de fonder une ville à la Mecque, « il divisa l'étendue du terrain qu'embrassa depuis la ville, en différentes portions ou quartiers qu'il assigna pour demeure à sa propre famille, et à celles d'entre les autres familles Coraychites qui tenaient de plus près à la sienne » (5); et ces mêmes familles « auxquelles Cossay avait assigné des quartiers, s'y trouvaient encore établies à la naissance de l'Islamisme » (6). — De même, les fonctions publiques n'étaient à la Mecque, que des charges de famille, et, dans les compétitions et les luttes auxquelles donnaient lieu l'obtention de ces charges, il n'y avait, en réalité, que des rivalités de familles et non des conflits ayant un caractère politique. On tenait pour les petits-enfants d'Abdeddar ou pour ceux d'Abdmanaf. On se groupait, on s'alliait entre familles et « les alliances auxquelles la division survenue entre la maison d'Abdeddar et celle d'Abdmanaf avait donné naissance, subsistèrent jusqu'à l'époque de l'Islamisme, et furent confirmées par Mahomet (7).

En sorte que s'il est vrai, qu'à cette époque de l'histoire, la

(1) Caussin de Perceval, *Essai sur l'histoire des Arabes*, t. II, p. 674.

(2) Extrait du roman d'Antar, traduit par Cardin de Cardonne, *Journ. asiat.*, mars 1834, p. 256 et suiv.

(3) Seignette, *trad. de Sidi Khalil*, Introduction, XL, note.

(4) Marçais, *Des parents ou alliés successibles en droit musulman*, p. 32.

(5) Caussin de Perceval, *op. cit.*. t. I, p. 236.

(6) *Eod. loc.* t. I, p. 237

(7) *Eod. loc.*, t. I, p. 255.

véritable société arabe soit celle de la tribu (1), il est également vrai, qu'au point de vue politique comme au point de vue social, la famille est la véritable unité de cette société.

***

7. — Mais, cette famille, quelle est-elle ?

A en croire Strabon, les Arabes de son temps auraient vécu dans une promiscuité complète, pratiquant la communauté des femmes comme celle des biens (2). Or, en un pareil milieu, il ne saurait y avoir de parenté que par les femmes, et d'autre régime familial que le matriarchat. Et il semble bien, en effet, qu'à une certaine époque qu'il est, d'ailleurs, impossible de préciser, les Arabes des temps préislamiques n'ont connu d'autre parenté que la parenté par les femmes (3).

Il est, tout d'abord, certaines dispositions de la loi musulmane qui demeurent difficilement explicables, si l'on ne veut y voir des survivances du matriarchat primitif. La famille musulmane, on le verra par la suite, est basée sur le patriarchat ; elle ne peut être fondée que par un mâle, elle ne s'accroit et ne se développe que par les mâles ; les descendants par les femmes en sont exclus. Dans de telles circonstances, il ne devrait y avoir de prohibitions au mariage basées sur la parenté, que vis-à-vis des proches de la ligne paternelle. Or, ces prohibitions existent aussi bien vis-à-vis des proches de la ligne maternelle, que vis-à-vis des proches de la ligne paternelle ; et, en tant qu'elles concernent les proches de la ligne maternelle, ces prohibitions ne peuvent avoir été admises qu'à une époque où la parenté était susceptible de s'établir par les femmes, où les descendants par les femmes n'étaient point encore exclus de la famille (4).

C'est également, semble-t-il, au régime du matriarchat qu'il y a lieu de rattacher les particularités de la législation musulmane touchant la *parenté de lait*. — « Le jeune enfant ou nourrisson, dit Sidi Khalil, est personnellement mais uniquement devenu, au point de vue rationnel, l'enfant de la femme

(1) Renan, *op. cit.*, p. 13

(2) Strabon, XVI, ch. IV, 25.

(3) Wilken, Das matriarchat (das mutterrecht) bei den alten Arabern (traduction de l'ouvrage hollandais).

(4) Marçais. *op. cit.*, p. 16.

qui l'a allaité (1) ». Et, Ibrahim Halébi déclare que le lait donné par une femme à un enfant étranger établit entre eux une parenté aussi sacré que celle du sang » (2). L'enfant allaité est considéré comme né de sa nourrice, et le mariage lui est interdit avec les proches de celle-ci, tout comme s'il était réellement son enfant (3). D'autre part, le nourrisson est tenu pour le fils de celui qui, « par une copulation complète, ... a été la cause première de la production du lait dans les mamelles de la mère » (4). Et de plus, « tout nouvel individu qui ensuite cohabite avec elle (la nourrice), avant la disparition du lait, partage la paternité avec le premier individu (5). — Ainsi, l'enfant allaité, par le fait de l'allaitement, entre, en quelque sorte, dans la famille de tous ceux avec qui la nourrice a cohabité avant la disparition du lait, — et, s'il en est ainsi, c'est parce que la nourrice est réputée lui avoir donné le jour. — Or, il semble bien que de pareilles solutions n'ont pu être admises qu'à une époque où il n'est de véritable parenté que par les femmes, — où la filiation maternelle constitue la source normale de la parenté (6).

De même, la mère a la *hadanah*, c'est-à-dire le droit à la garde de ses enfants en bas âge. Ceux-ci ne peuvent lui être enlevés, tant qu'ils n'ont pas atteint un âge déterminé ; et il en est ainsi, même en cas de dissolution du mariage par le divorce ou la répudiation. Puis, à défaut de la mère ou sur son refus d'exercer la *hadanah*, la garde des enfants est confiée à certains parents, d'après un ordre de dévolution que précisent les jurisconsultes musulmans et duquel il résulte que, dans l'attribution de cette *hadanah*, les femmes sont préférées aux hommes, — et parmi les femmes, celles de la ligne maternelle à celles de la ligne paternelle (7). — Or, si les enfants sont, de préférence, confiés à des femmes, c'est, vraisemblablement, que celles-ci sont mieux en situation de leur fournir des soins appropriés à leur âge. Mais il paraît bien difficile d'expliquer pourquoi, dans la dévolution

(1) Sidi Khalil, *trad Perron*, t. 3, p. 122.

(2) Mouradja d'Ohsson, *Tableau général de l'empire ottoman*, t. 5, p. 169.

(3) Sidi Khalil, *trad. Perron*, t. 3, p. 121. — Mourdja d'Ohsson, *op. cit.*, t. 5, p. 170.

(4) Sidi Khalil, *trad. Perron*. t. 3, p. 123.

(5) *Eod. loc.*

(6) Peut-être aurait-on le droit de voir également une trace du matriarchat primitif dans la situation privilégiée faite, en Turquie, à la mère et à la nourrice du Sultan ; — de Régla, *La Turquie officielle*, p. 265.

(7) Sidi Khalil, *trad. Perron*, t. 3, p. 159 et suiv.

de la *hadanah*, les femmes de la ligne maternelle l'emportent sur celles de la ligne paternelle, autrement que par cette idée, laquelle aurait prévalu autrefois, que les enfants appartiennent plus à la mère qu'au père, — que leur vraie famille, c'est la famille maternelle.

8. — Ainsi, il est, dans le droit musulman, certaines institutions qui paraissent aller à l'encontre des principes fondamentaux de ce droit, et dont l'existence autorise à penser qu'à une époque antérieure, des principes contraires avaient été reçus, avec lesquelles ces institutions se trouvaient être en harmonie. — Or, c'est là une manière de voir que ne fait que confirmer la lecture des historiens.

La coutume mecquoise préislamique, par exemple, autorisait le mariage pour un temps limité. Une femme s'engageait à vivre avec un individu pendant un certain laps de temps, après quoi elle recouvrait sa liberté. Quelquefois même, la femme prenait des engagements temporaires de ce genre, non plus vis-à-vis d'un, mais vis-à-vis de plusieurs individus, et cela simultanément (1). Tolérée par Mahomet, cette union temporaire fut abolie par Omar, « comme une espèce de prostitution légale qui était incompatible avec les bonnes mœurs » (2). Or, il n'est pas douteux, qu'étant donné l'incertitude de la paternité dans les unions de cette sorte, les enfants qui en naissaient ne pouvaient avoir de parenté véritable et certaine qu'avec leur mère et la famille de celle-ci. Ils portaient le nom de leur mère, et n'héritaient que du côté maternel (3).

De même, certaines femmes avaient la faculté de répudier leurs maris (4). « Lorsqu'elles avaient pris la résolution d'user de ce droit, elles l'annonçaient en faisant faire volte-face à leur tente, c'est-à-dire en la tournant de manière à ce que la portière fût placée du côté directement opposé à celui sur lequel elle s'ouvrait auparavant. Ce changement indiquait au mari qu'il avait perdu son titre et que l'entrée lui était désormais interdite » (5). Or, il est bien certain que de tels usages

(1) Marçais, *op. cit.*, p. 43.

(2) Dugat, *Histoire des philosophes et des théologiens musulmans*, p. 101, note 2. — Ce mariage temporaire est encore pratiqué en Perse, sa validité étant admise par la secte chiite ; Querry, *Recueil de lois concernant les musulmans chiites*, t. 1, p. 689 ; — Barbier de Meynard, *Le Séid Himyarite*, Journ. asiat., 1874, août-sept., p. 159.

(3) Marçais, *op. cit.*, p. 44.

(4) Caussin de Perceval, *op. cit.*, t. 1, p. 257.

(5) *Eod. loc.*, t. 2, p. 625.

sont incompatibles, soit avec le régime du patriarchat, soit avec l'institution du mariage par achat, — tandis qu'ils se conçoivent à merveille en une société dans laquelle la femme occupe au sein de la famille une place prépondérante, — dans laquelle c'est par la femme que la famille se fonde, s'accroît et se développe (1).

9 — Mais, dès avant la naissance de Mahomet, le régime du matriarchat avait disparu en Arabie, pour faire place à celui du patriarchat. C'est là une affirmation dont il est inutile d'eutreprendre, aujourd'hui, la démonstration, car il semble bien que, sur ce point, la lumière a été faite entièrement par Robertson Smith (2), — puis par M. Marçais dans la très remarquable étude qu'il a consacrée à la matière des successions musulmanes (3). Nous nous bornerons, à côté des considérations très concluantes développées par ces deux auteurs, aux ouvrages desquels nous renvoyons, à noter le fait suivant : « Cossay était âgé de quelques mois seulement (4), lorsque sont père Kilab mourut. Sa mère Fatima ne tarda pas à convoler en secondes noces. Un personnage codhaïte nommé Rabia, chef de la famille des Benou-Adhra, établi à Waldicora, ayant fait un voyage à la Mekke, vit Fatima, demanda sa main, et l'épousa. Il l'emmena avec son jeune enfant dans le pays qu'il habitait. Cossay, à cette époque, venait d'être sevré. Son frère Zohra, qui était un homme fait, demeura à la Mekke..... Cependant Cossay fut élevé dans la tente de Rabia, qu'il croyait son père. *Lorsqu'il fut devenu grand et qu'il connu son origine, il retourna parmi les*

(1) Les auteurs qui se sont proccupés de préciser la condition de la femme arabe à l'époque préislamique, ont recueilli les renseignements les plus contradictoires. Certains de ces renseignements tendent à établir que la femme était dans une situation des plus misérables, alors qu'il semble résulter des autres que « l'époque antéislamique est celle de la gloire de la femme arabe » (Mercier, *La condition de la femme musulmane dans l'Afrique septentrionale*, *Rev. Alg.*, 1895. 1. 52). — Et l'on a tenté de concilier ces divers documents en disant que les uns ne concernent que les tribus misérables de l'intérieur de l'Arabie, tandis que les autres s'appliquent aux populations aisées de certaines régions et des villes. Peut-être, serait-il plus exact de dire que ceux-ci se réfèrent à des tribus où avait survécu le régime du matriarchat, et ceux-là des tribus chez lesquelles avait déjà prévalu la pratique du mariage par achat, d'où dérive le régime du patriarchat.

(2) Robertson Smith, *Kinship and marriage in earlay Arabia*.

(3) Marçais, *Des parents et alliès au degré suecessible en droit musulman*.

(4) Cossay naquit vers l'an 398.

Coraychites, et obtint bientôt de la considération par ses qualités éminentes » (1). — Il est donc, dès cette époque, admis que la véritable famille, c'est la famille paternelle.

Mais, sous l'influence de quelles causes s'est opérée cette substitution du régime du patriarchat à celui du matriarchat? — Vraisemblablement, chez les Arabes, comme chez les peuples où se peut constater une semblable évolution, celle-ci commence avec la pratique de l'exogamie, avec l'usage du mariage individuel par capture, puis par achat (2). Et, « bien des causes devaient tendre à augmenter l'importance de ces mariages individuels et à faire disparaître la communauté des femmes. L'impulsion donnée au développement des affections, la commodité des arrangements domestiques, les vœux naturels de la femme elle-même, et enfin et surtout peut-être la faiblesse des enfants nés sous le régime de la communauté, devaient faire comprendre chaque jour davantage la supériorité du mariage individuel » (3). — Et comme, dans ce mariage, le rôle du mâle est prépondérant, comme ce rôle est celui d'un maître, les enfants, qui naissent de ce mariage, appartiennent au mâle et n'appartiennent qu'à lui. Ils ne sauraient appartenir à la mère qui, étant achetée par le mari, n'est, on le verra bientôt, qu'un élément du patrimoine de ce dernier. Le mâle est le maître des enfants, et il l'est à l'exclusion de leur mère, parce qu'il est le maître de celle-ci. — Et voilà comment, avec le mariage par capture ou achat, se fait jour cette idée qu'il n'est, pour les enfants, de lien, partant de parenté, qu'avec le père, — comment se généralise la pratique du mariage individuel, — et comment, par suite de cette généralisation, le régime du patriarchat arrive à remplacer le régime du matriarchat ; car, c'est un fait que les notions de paternité et de famille paternelle ne se combinent pas avec celles de maternité et de famille maternelle, mais s'y substituent (4).

A la Mecque, toutefois, le régime du matriarchat laissa quelques traces d'une certaine importance (5). C'est ainsi que la femme, — l'exemple de Khadidja, épouse du Prophète, le montre, — y possédait une indépendance et pouvait y exercer une influence, dont, ailleurs, elle ne jouissait pas.

---

(1) Caussin de Perceval, *op. cit.*, t. 1, p. 231.

(2) Marçais, *op. cit.*, p. 17.

(3) Gr. Encyclopédie, V° *Famille*, p. 1145, col. 1.

(4) *Eod. loc.*, p. 1162, col. 1.

(5) Marçais, *op. cit.*, p. 42.

10. — Toujours est-il, qu'à la veille du jour où va s'ouvrir l'ère musulmane, le patriarchat constitue, en Arabie, le système familial dominant. La parenté n'est fondée que par les mâles et n'est reconnue qu'entre les mâles (1). La famille ne comprend que des mâles parents par les mâles.

a) Elle ne comprend que des mâles. — L'épouse, en effet, n'est qu'un élément du patrimoine du mari dont celui-ci se défait, comme bon lui semble, par la répudiation ; à sa mort, elle est attribuée, comme les autres biens de la succession, aux héritiers les plus proches. « De là, dit Caussin de Perceval, ces unions fréquentes entre beaux-fils et belles-mères, unions qui plus tard interdites par l'islamisme, furent flétries par le nom de *Niçâh-el-makt*, mariage odieux » (2). On lit, d'autre part, dans le *Kitab el-Aghani :* « Aminah était femme d'Ommaïah... Après la mort d'Ommaïah, elle épousa Abou-Amrou, fils de son mari ; car, du temps du paganisme, un homme se mariait sans scrupule à la femme de son père » (3). — Quant à la fille née de cette épouse, « incapable d'acquérir ou mieux de conquérir des biens, ou d'en défendre la proprité, elle ne devait pas moins être comptée parmi les bouches à nourrir » (4), et constituait, pour la famille, un élément de faiblesse. L'on redoutait également que, par son inconduite, elle ne fût, pour ses proches, la cause du déshonneur (5). Aussi sa naissance était-elle considérée comme un malheur, et les filles étaient-elles fréquemment mises à mort. Aussitôt nées, on les enterrait vivantes (6). Appelées, d'ailleurs, par l'effet du mariage, à quitter la famille, on n'aurait pu, sans risquer d'affaiblir celle-ci, leur y faire la même situation qu'à ceux qui, destinés à y vivre, à ne s'en pas séparer, contribuaient à en accroître la force et la richesse (7). La fille n'était, elle aussi, qu'un élément du patrimoine, dont la famille tirait parti en la vendant à un mari.

b) La famille ne comprend que des parents par les mâles. — Le fils de la fille, en effet, reste étranger à la famille de sa

(1) Marçais, *op. cit.*, p. 7.

(2) Caussin de Perceval, *op. cit.*, t. 1, p. 351 ; — Marçais, *op. cit.*, p. 17 et 18.

(3) Kitab el-Aghani, *trad. Quatremère*, *Journ. asiat.*, déc. 1835, p. 506.

(4) Marçais, *op. cit.*, p. 19.

(5) *Djéida*, extrait du roman d'Antar, traduit par Cardin de Cardonne, *Journ. asiat.*, juillet 1837, p. 49.

(6) Caussin de Perceval, *op. cit.*, t. 1, p. 351.

(7) Marçais, *op. cit.*, p. 21.

mère. « Les fils de nos fils sont nos fils, dit Tobrizy, mais les fils de nos filles sont des fils d'étrangers » (1).

11. — Ces mâles, parents par les mâles, étaient appelés *asibs*, et leur ensemble constituait l'*akila* (2).

Mais, indépendamment de ces *asibs* unis par les liens du sang, il en était d'autres qui, bien que nés en dehors de l'*akila* et ne pouvant exciper d'une communauté d'origine, se rattachaient cependant à la famille par un lien fictif de parenté. C'était ceux qui avaient conclu avec un des membres de l'*akila* un contrat d'adoption, — ou bien échangé avec lui un serment de fraternité, — ou qui, ayant été ses esclaves, avaient bénéficié d'un affranchissement.

L'adoption était, en effet, pratiquée dans l'ancienne Arabie. « Aux temps antéislamiques, dit El Khazin, c'était un usage reçu qu'un homme en adoptât un autre » (3). — L'on se liait également par des serments dont la formule était la suivante : « Ma mort sera la tienne, mon salut sera le tien, j'hériterai de toi et tu hériteras de moi, je te prêterai mon appui et tu me prêteras le tien, je répondrai de toi comme tu répondras de moi » (4). — Quant à l'affranchissement, il était pratiqué avant même que le Prophète ne l'eût recommandé comme un acte louable (5), car Caussin de Perceval constate que « l'auteur du Sirat dit positivement que l'*affranchissement* et l'adoption de Zayd par Mahomet furent *antérieurs* aux premières révélations qui annoncèrent à Mahomet sa mission prophétique » (6).

Or, ces *asibs*, qui n'étaient unis aux autres membres de l'*akila* que par une parenté fictive, étaient-ils assimilés aux parents par le sang ? — Le lien qui les rattachait au groupe des mâles parents par les mâles, était-il aussi étroit que celui qui unissait ces mâles entre eux ? — Et possédaient-ils, dans l'*akila*, les prérogatives dont pouvaient se prévaloir, dans leurs rapports respectifs, les parents par le sang ?

La communauté de sang réelle des parents mâles par les mâles emportait : « l'union dans la guerre, dans la paix, dans la vengeance ; le droit réciproque à la succession et à la *dia*,

(1) Marçais, *op. cit.*, p. 8.
(2) *Eod. loc.*, p. 27. — Sidi Khalil, *trad. Seignette*, art. 1836.
(3) Luciani, *Traité des successions musulmanes*, p. 99, n° 138.
(4) *Eod. loc.*, p. 63, n° 97.
(5) Coran, XXIV, 33.
(6) Caussin de Perceval, *op. cit.*, t. 1, p. 347, note 1.

R.F.

composition pécuniaire payée pour le meurtre de l'un d'entre eux (1) ».

Or, il ne semble pas, qu'à cette époque, le fils adoptif fût traité, dans la famille de l'adoptant, autrement qu'il n'eût dû l'être, s'il avait été réellement engendré par ce dernier. El Khazin dit en effet qu' « aux temps antéislamiques, c'était un usage reçu qu'un homme en adoptât un autre, qui était considéré comme son fils, qui portait son nom et héritait de lui » (2). — D'autre part, si l'on s'en tenait à la seule formule des pactes de fraternité, l'on pourrait se croire autorisé à penser que la communauté de sang fictive résultant de ces pactes entraînait les mêmes conséquences que la communauté de sang réelle. D'ailleurs, Ibn Khaldoun déclare que « cette sorte de parenté civile, bien qu'elle n'est pas la cause naturelle de la cognation, peut en produire tous les effets utiles » (3). Et, cependant, il semble bien que la composition due, à l'occasion du meurtre de celui avec qui un pacte de fraternité avait été échangé, n'était point la même que celle due pour le meurtre d'un contribule pur et lui était inférieure de moitié (4). — Enfin, si l'affranchissement établissait une sorte de parenté entre le maître et son ancien esclave, il n'y avait point assimilation entre cette parenté et la parenté par le sang; le patron n'était point tenu pour le père de son affranchi; et, ce qui le montre bien, c'est ce fait que Mohamet, après avoir affranchi Zayd, l'adopta (5). L'adoption aurait été inutile, si, du chef de l'affranchissement, l'ancien esclave eut dû être considéré comme le fils de son ancien maître, porter son nom et hériter de lui.

12. — Quoiqu'il en soit, d'ailleurs, de cette parenté fictive et des effets qu'elle produit, — il est vrai de dire, qu'à l'époque préislamique, la parenté ne s'établit que par les mâles; la famille ne peut être fondée que par un mâle; elle ne s'accroit et ne se développe que par les mâles (6). — Ses divers mem-

---

(1) Marçais, *op, cit.*, p. 28.

(2) Luciani, *op. cit.*, p. 99, n° 138.

(3) Ibn Khaldoun, *Prolégomènes*, vol. I, 1re part., p. 332; trad. par Seignette, *Sidi Khalil*, Introduction XL, note; — Marçais, *op. cit.*, p. 28.

(4) Caussin de Perceval, *op., cit.*, t. 2, p. 657 et suiv.

(5) *Eod. loc.*, t. 1, p. 346.

(6) La femme se trouve, à cette époque et par rapport au mâle, dans un état non douteux d'infériorité légale. M. Perron prétend, toutefois, que sa situation intellectuelle et morale était toute différente; *Femmes arabes avant et depuis l'islamisme*, p. 1.

bres restent groupés, même dans les villes (1), vivant sous l'autorité d'un chef. — Le père dispose, à l'égard de ses enfants, d'une puissance sans bornes ; il a sur eux droit de vie et de mort (2). — A son décès, seul, l'aîné lui succède, à l'exclusion des cadets (3).

Or, l'on a prétendu, qu'à ces divers points de vue, il y avait une « concordance remarquable... entre les coutumes primitives de Rome et les usages antéislamiques » (4) ; et l'on en a conclu « à une origine commune des races sémitiques et indo-germaniques » (5).

Certes, à quelques égards, l'analogie n'est pas contestable. La famille romaine est la famille agnatique ; elle aussi, ne peut être fondée que par un mâle, — et, seuls, les descendants par les mâles en font partie. D'autre part, les divers membres de la famille habitent en commun, au même foyer ou sur le même domaine (6) sous la direction d'un chef dont l'autorité est absolue. — Enfin, la femme est maintenue dans un réel état d'infériorité par rapport au mâle ; épouse, elle est sous la puissance de son mari (7) ; — fille sous la puissance de son père ou d'un tuteur ; elle n'est point appelée à connaître l'indépendance.

Mais, par ailleurs, que de différences notables entre le système familial des Arabes de l'époque préislamique et le système familial romain des premiers siècles, dont l'institution fondamentale est cette *Patria potestas* si particulière, si spéciale que Gaïus disait d'elle : « *fere enim nulli alii sunt homines qui talem in filios suos habeant potestatem, qualem nos habemus !* » (8).

C'est ainsi que : *a*). — Les différences juridiques entre les deux sexes sont beaucoup plus accentuées, en Arabie, qu'elles ne l'étaient à Rome ; l'infériorité de la femme, par rapport aux mâles, y est beaucoup plus marquée. La femme arabe est, à

(1) V. *Sup*. n° 5.

(2) Seignette, *trad. de Sidi Khalil*, Introduction, XXVII ; — Sautayra et Cherbonneau, *Du statut personnel et des successions*, t. I, p. 342, n° 439 ; — Clavel, *Du statut personnel et des succession*, t. I, p. 305, n° 441.

(3) Luciani, *op. cit.*, p. 103, n° 140, et p. 176, n° 223.

(4) Seignette, *trad. Sidi Khalil*, Introduction, XXXVI.

(5) *Eod. loc.*, XL.

(6) Lefebvre, *Leçons d'introduction à l'histoire du droit matrimonial français*, p. 47.

(7) Il est vraisemblable, qu'à l'origine, le mariage *cum manû* fut le seul pratiqué.

(8) Gaïus, *Comment*, I, 55.

proprement parler, une chose, un élément de patrimoine; elle peut faire l'objet d'une vente et se transmet par succession (1). — A Rome, au contraire, « la puissance paternelle pèse d'un poids égal sur le fils et la fille, et les tient l'un et l'autre abaissés sous le même niveau » (2), et ce n'est qu'autant que la puissance paternelle disparaît, que des différences juridiques se manifestent entre les deux sexes; le fils, s'il est pubère, acquiert indépendance et capacité; la femme est soumise à une tutelle perpétuelle. Mais, qu'elle soit en puissance de tuteur, qu'elle soit soumise à la *patria potestas* de son père, si elle est fille, — de son mari, si elle est épouse, — la femme romaine n'est pas simplement une chose, un élément du patrimoine que l'on cède ou dont l'on hérite. Et, tandis que la femme arabe des temps préislamiques est dépourvue de toute vocation héréditaire, et se transmet par voie de succession, — à Rome, au contraire, « la loi accorde à la fille et au fils des droits égaux sur l'héritage paternel » (3). — En sorte que s'il est vrai de dire que la famille, dans le droit primitif romain comme dans le droit primitif arabe, ne s'accroît et ne se développe que par les mâles, on n'est point autorisé à affirmer que la famille romaine, comme la famille arabe, ne comprenne que des mâles.

b). — D'autre part, à Rome, le *paterfamilias* dispose, sur les personnes et sur les biens, d'une autorité absolue. — *Sur les personnes;* le paterfamilias, en effet, est libre, en quelque sorte, de composer, arbitrairement et à son gré, la famille. Il peut accueillir ou repousser les nouveaux-nés; il a la faculté d'introduire des étrangers dans la famille par la voie de l'*adrogatio* ou de l'*adoptio,* de même qu'il lui est loisible d'en exclure tel de ses enfants qu'il lui plaît, par la voie de l'*emancipatio* ou de la *datio in adoptionem* (4). Et, sur les divers membres de la famille, il a le pouvoir de vie et de mort. — *Sur les biens*, et, en effet, le *filiusfamilias* ne peut pas avoir une fortune personnelle, un patrimoine distinct; tout ce qu'il acquiert vient grossir le patrimoine familial, dont le *paterfamilias* semble bien avoir, à l'origine, la disposition absolue et exclusive. — Et cette *patria potestas* subsiste, tant qu'il plaît au *paterfamilias* de la conserver; elle ne disparaît qu'avec lui. L'enfant, quel que soit son âge, reste *filiusfamilias;* l'âge ne lui confère point, en effet, le droit

(1) V. *Sup.*, n° 10.

(2) Gide, *Condition privée de la femme,* p. 102.

(3) *Eod. loc.*

(4) Lefebvre, *op. cit.*, p. 47.

d'exiger son émancipation, de même que son mariage ne lui donne pas l'indépendance et ne détermine point la formation, dans la famille, d'une unité distincte, d' « un nouveau noyau familial » (1).

Or, si, dans l'antique Arabie, le père possédait, tant dans la constitution que dans la direction de la famille, des pouvoirs très étendus, s'il lui était possible, autrement que par la procréation, d'accroître, à son gré, l'*akila* et d'augmenter le nombre de ses *asibs*, par la voie de l'adoption, par exemple, ou d'un pacte de fraternité,— s'il avait sur ses enfants droit de vie et de mort, et s'il avait la faculté, après l'avoir accueilli, d'exclure et de rejeter de la famille tel de ses enfants qu'il lui plaisait, et de rompre, par le seul effet de sa volonté, le lien de parenté qui l'unissait à ce dernier (2), – il ne semble pas, cependant, qu'à tous égards, la coutume lui reconnût, dans la famille, sur les personnes et sur les biens, des pouvoirs aussi étendus que ceux que les lois romaines conféraient au *paterfamilias*. — C'est ainsi que chaque membre de la famille avait, en dépit de la dépendance dans laquelle il se trouvait placé par rapport à son chef, une individualité, une personnalité entièrement distincte de celle de ce dernier. Il pouvait avoir une fortune personnelle, un patrimoine propre ; il pouvait se créer et s'assurer le bénéfice d'une situation indépendante. « Cossay, rapporte Caussin de Perceval, parvenu à une grande vieillesse, voyait avec peine que son fils aîné, Abdeddar, ne jouissait pas d'une considération égale à celle de ses frères, Abdelâzza, Abd et Abdmanaf. Celui-ci surtout, avait acquis, *du vivant même de son père*, une haute influence parmi les Coraychites. Cossay dit un jour à Abdeddar : « *Tes frères se sont fait une position personnelle supérieure à la tienne ;* mais je veux t'élever au-dessus d'eux » (3). — Le système familial, qui avait prévalu chez les Arabes de l'époque préislamique, n'impliquait donc nullement, comme le système romain, l'absorption des membres de la famille « par un chef qui a tout en main, comme pouvoir et fortune » (4). — D'ailleurs, cette liberté, cette indépendance de l'individu, chez les Arabes et dans les sociétés sémitiques en général, nombre d'auteurs la constatent et déclarent qu'elle est la conséquence de la vie nomade qui développe les

(1) Lefebvre, *op. cit.*, p. 24.

(2) Seignette, *op. cit.*, p. 717.

(3) Caussin de Perceval, *op. cit.*, t. I, p. 250.

(4) Lefebvre, *op. cit.*, p. 57.

instincts individuels, l'indépendance personnelle, l'esprit d'égalité (1).

Il est bien vrai que, dans les tribus plus ou moins sédentaires ou nomades, les difficultés comme les dangers de l'existence devaient maintenir les divers membres de la famille plus étroitement unis sous une autorité plus forte; et, vraisemblablement alors, pour tous les membres de la famille, il n'était qu'un seul patrimoine dont le chef dirigeait l'exploitation. Mais ce patrimoine unique n'était point celui du chef; c'était un patrimoine commun, indivis. La loi musulmane, en effet, ne permet pas au testateur de disposer de plus du tiers de ses biens au détriment de ses *'asibs*, quels qu'ils soient et si éloigné que puisse être leur degré de parenté (2). Or, il semble bien difficile de donner, de cette règle, une explication satisfaisante, si l'on ne veut y voir, soit un souvenir de l'assistance que se devaient, autrefois, les divers membres de l'*akila*, soit une survivance de l'idée d'une communauté de biens existant entre tous les membres de cette *akila* et faisant obstacle à ce que chacun pût disposer librement et intégralement, au détriment des autres, des biens, qu'en fait il détenait. Mais, quelle que soit la justification que l'on adopte, elle est inconciliable avec cette idée, qu'au temps de la *Djahilyya*, le chef du groupe familial aurait possédé la faculté illimitée de disposer des biens de ce groupe par testament (3). Si bien que le chef de famille, chez les Arabes de l'époque préislamique, loin d'être, comme le *paterfamilias*, à Rome, « un chef qui a tout en main, comme pouvoir et fortune, et qui compose et gouverne seul toute sa *domus* jusqu'à son libre testament » (4), — doit être considéré, bien plutôt, comme le chef d'une communauté juridique à laquelle participaient ses *asibs*.

c. — Enfin, tandis qu'à Rome, la disparition du *paterfamilias* confère une indépendance complète à ceux des membres de la famille placés sous son autorité immédiate, tandis que cette disparition provoque une sorte de désintégration de la famille, — il en est autrement chez les Arabes de l'époque

---

(1) Kœnigswarter, *op. cit.*, p. 331; — Renan, *op. cit.*, p. 470; — de Nauphal, *Système législatif musulman*, Mariage, p. 4.

(2) Sidi Khalil, *trad. Seignette*, art. 2062.

(3) M. Seignette pense, au contraire, qu'à l'époque préislamique, la liberté de tester était illimitée, et qu'en la restreignant, la législation coranique a innové; mais il n'apporte aucune preuve à l'appui de cette manière de voir; V. *trad. de Sidi Khalil*, Introduction, p. XXVIII.

(4) Lefebvre, *op. cit.*, p. 57.

préislamique. Le chef disparu est remplacé par le plus âgé des membres de la famille (1), et celle-ci continue à vivre, sous ce nouveau chef, comme elle avait vécu sous l'ancien. Il en résultait une cohésion, une solidarité beaucoup plus étroite, non seulement entre membres d'une même famille, mais aussi entre familles d'une même tribu, — que celle qui existait, à Rome, entre ceux qui avaient cessé de vivre sous l'autorité d'un même *paterfamilias*, ou entre familles d'une même *gens*. « Dans une tribu, dit Dozy, tous les Bédouins sont frères. C'est le nom qu'ils se donnent entre eux quand ils sont du même âge. Si c'est un vieillard qui parle à un jeune homme, il l'appelle fils de mon frère. Un de ses *frères* est-il réduit à la mendicité et vient-il implorer son secours, le Bédouin égorgera, s'il le faut, son dernier mouton pour le nourrir; son frère a-t-il essuyé un affront de la part d'un homme d'une autre tribu, il ressentira cet affront comme une injure personnelle, et n'aura point de repos qu'il en ait tiré vengeance. Rien ne saurait donner une idée assez nette, assez vive, de cette *açabia*, comme il l'appelle, de cet attachement profond, illimité, inébranlable, que l'Arabe ressent pour ses contribules, de ce dévouement absolu aux intérêts, à la prospérité, à la gloire, à l'honneur de la communauté qui l'a vu naître et qui la vue mourir » (2).

En sorte que, quoi qu'on en ait dit, il existe des différences très appréciables entre le système familial romain des premiers siècles et le système familial des Arabes de l'époque préislamique. Et si l'on voulait, à tout prix, établir un rapprochement entre l'existence familiale de ces Arabes et l'existence familiale de quelque autre peuple, c'est bien plutôt à la famille germanique (3) ou à la communauté de village de l'Inde (4), qu'il faudrait comparer la famille arabe des temps antéislamiques.

13. — Quoi qu'il en soit, cette famille arabe nous apparaît comme basée sur le patriarchat; elle n'est fondée que par un mâle et ne comprend que des mâles parents par les mâles. — A sa tête se trouve placé un chef investi de pouvoirs extrêmement étendus, mais qui, cependant loin, d'absorber la

(1) Luciani, *op. cit.*, p. 103, n° 140 et 176, n° 223; Sédillot, *Histoire générale des Arabes*, t. 1, p. 20.

(2) Dozy, *op. cit.*, t. 1, p. 9 et 10.

(3) Kœnigswarter, *op. cit.*, p. 118 et suiv.

(4) Sumner Maine, *op. cit.*, p. 245 et suiv.

personnalité de ses divers membres, vit bien plutôt en communauté juridique avec eux. — Au point de vue politique comme au point de vue social, cette famille constitue la véritable unité de la société arabe.

Dans quelle mesure les réformes réalisées par le Prophète ont-elles modifié cet état de choses ?

II

14. — Le triomphe de l'islamisme a déterminé une transformation profonde de la société arabe. Entre tribus « sans communauté d'intérêts, sans centre commun, ordinairement en guerre les unes avec les autres » (1), un lien s'est établi, à la fois politique et religieux. Le Prophète a fondé une communauté religieuse accessible à tous, sans distinction aucune de famille, ni même de race. Il suffit, en effet, pour lui appartenir, d'avoir prononcé la formule de la confession de la foi ; il suffit de croire. « Les fidèles, est-il dit au Coran, forment une société d'amis » (2). — Et cette communauté n'est pas simplement une communauté religieuse ; elle a et doit avoir un chef; et celui-ci n'est pas seulement un chef religieux, c'est aussi un chef politique.

Elle a un chef ; car le verset 62 du chapitre IV du Coran dit : « O croyants ! obéissez à Dieu, obéissez à l'apôtre et à ceux d'entre vous qui exercent le commandement » (3).

Elle doit avoir un chef. Cela résulte de ce hadith : « Des détenteurs du pouvoir vous gouverneront après moi. Il y en aura de bons, qui vous gouverneront avec bonté ; il y en aura de pervers qui vous gouverneront avec perversité. Écoutez-les et obéissez leur en tout ce qui est conforme à la Loi. S'ils se conduisent bien, le mérite en sera pour vous et pour eux. S'ils se conduisent mal, le mérite sera pour vous et le démérite pour eux » (4). — Cela résulte encore de l'*accord de la nation*, qui « se forma, au moment de la mort du Prophète, sur le point d'en élire le successeur incontinent, en abandonnant, pour y procéder, le plus sacré des devoirs, celui d'ensevelir le messager de Dieu » (5).

Aussi Nedjem ed-din Nassafi déclare-t-il que « les Musulmans doivent être gouvernés par un imam » (1). — Et, d'après Sad ed-din Teftazani, « l'établissement d'un imam est un point canonique arrêté et statué par les Fidèles du premier siècle de l'islam. Ce point, qui fait partie des règles apostoliques et

(1) Dozy, *Hist. des Mus. d'Espagne*, t. 1, p. 16.

(2) Coran, *trad. Savary*, ch. IX, vers. 72.

(3) Coran, *trad. Savary*.

(4) El Mawerdi, *El Akham es-Soulthâniya*, trad. Ostrorog, t. 1, p. 98.

(5) *Eod loc.*, p. 97, note 2.

(6) Rinn, *Marabouts et Khouan*, p. 3.

qui intéresse, d'une manière absolue, la loi et la doctrine, est basé sur cette parole du Prophète : *celui qui meurt sans reconnaître l'autorité et l'imam de l'époque est censé mort dans l'ignorance, c'est-à-dire dans l'infidélité.* Le peuple Musulman doit donc être gouverné par un imam. Cet imam doit être seul, unique ; son autorité doit être absolue ; elle doit tout embrasser ; tous doivent s'y soumettre et la respecter ; nulle ville, nulle contrée ne peut en reconnaître aucun autre, parcequ'il en résulterait des troubles qui compromettraient et la religion et l'État ; et, quand même une autre autorité indépendante serait à l'avantage temporel de cette ville, de cette contrée, elle n'en serait pas moins illégitime, et contraire à l'esprit et au bien de la religion, qui est le point le plus essentiel et le plus important de l'administration des imams » (1).

Et ce chef de la communauté islamique n'est pas seulement un chef spirituel. Il n'a pas seulement pour mission d'assurer le maintien du dogme, de défendre la religion et de faire la guerre sainte à ceux qui refusent de croire, après y avoir été conviés. C'est aussi un souverain politique, car c'est à lui que, d'après El Mawerdi, incombe : « l'exécution des décisions judiciaires et le règlement des contestations, ... la protection de la vie, de l'honneur et des biens contre toute agression, ... l'application des dispositions pénales, ... la défense des frontières, ... la perception de l'aubaine et des aumônes, ... la fixation du montant de la solde et de ce qui doit être payé par le Trésor, ... la nomination d'hommes sûrs et de bon conseil aux postes du gouvernement et aux charges de finance » ... (2).

Enfin, vis-à-vis de ce chef, la Communauté musulmane est tenue du double devoir d'obéissance et d'assistance, — pourvu, toutefois, qu'il se conforme lui-même à la Loi. « La nation, dit El Mawerdi, est tenue de remplir deux devoirs à l'égard du Calife : le devoir d'obéissance et le devoir d'assistance ; cela, tant qu'il ne survient pas en lui une altération d'état. Or, deux choses constituent une altération d'état ayant pour effet de le faire déchoir du Califat : la première est une lésion morale détruisant en lui la qualité de juste ; la seconde, une lésion physique » (3). Cette restriction est basée sur le hadith suivant : « Il est de votre devoir d'écouter tous ceux qui vous commandent, et de leur obéir, tant qu'ils ne vous ordonnent

(1) Rinn, *Marabouts de Khouan*, p. 3.

(2) El Mawerdi, *op. cit.*, p. 161 et suiv.

(3) *Eod. loc.*, p. 169 et suiv.

pas de faire quelque chose que Dieu désapprouve. S'ils l'ordonnent, il n'y a plus à écouter ni à obéir » (1). — Mais, pourvu qu'elle s'exerce conformément aux prescriptions de Dieu, l'autorité du chef est absolue, le Khalife doit être obéi.

***

15. — Dans de telles circonstances, l'établissement de l'islamisme aurait dû consommer la ruine politique de la famille. Dès l'instant, en effet, où la Communauté musulmane s'est constituée, non par l'agrégation d'un certain nombre de familles, mais par la réunion d'individus appartenant à la même religion ; — dès l'instant où l'individu tient ses droits, dans la Communauté, de sa qualité de croyant, c'est-à-dire d'une qualité qui lui est strictement personnelle, et qui est indépendante de son origine, la Communauté musulmane n'est plus qu'une communauté d'individus. Ceux-ci, d'autre part, doivent avoir, dans la Communauté, des droits identiques ; entre eux, il ne saurait y avoir d'inégalité de traitement basée sur une différence d'origine. En sorte que le rôle politique qui, jusqu'alors avait appartenu à la famille, dans la société arabe, ne se conçoit plus.

Et c'est bien ainsi que le Prophète l'entendit tout d'abord. « Plus de fierté païenne ! déclara-t-il ; plus d'orgueil fondé sur les ancêtres ! Tous les hommes sont enfants d'Adam, et Adam a été formé de poussière ; le plus estimable, aux yeux de Dieu, est celui qui le craint davantage » (2).— « Les hommes sont égaux, ajoutait-il, comme les dents d'un peigne ; la force de la constitution fait seule la supériorité des uns sur les autres » (3). Et c'est parmi les premiers convertis, parmi ceux qui se recommandaient à lui par leurs vertus et leur dévouement à l'islam, parmi les Émigrés et les Défenseurs, que Mahomet choisit tout d'abord ceux à qui seraient confiés les postes les plus importants, tels que le commandement des armées et le gouvernement des provinces (4). Mais, en fait, l'ancienne organisation en tribus subsista (5), et le Prophète fut même amené à la présenter comme émanant de Dieu

(1) El Mawerdi, *op. cit.*, p. 169, note 1.

(2) Caussin de Perceval, *op. cit.*, t. 3, p. 231.

(3) *Eod. loc.*, p. 507.

(4) Dozy, *Hist. des Mus. d'Espagne*, t. 1, p. 41 et suiv.

(5) *Eod. loc.*

lui-même (1). Chaque tribu continua à n'avoir d'autre chef que celui qu'elle s'était donné (2). L'ancienne noblesse revendiqua ses prérogatives et Mahomet se résigna à les lui conserver. Il fut amené à reconnaître que : « ceux qui étaient nobles sons le paganisme, restent nobles sous l'islamisme, pourvu qu'ils rendent hommage à la véritable sagesse » (3).

Si bien, qu'au point de vue politique, la situation de la famille ne se trouva nullement modifiée. « Chacune de ces petites sociétés, dit Dozy, ne vivait que pour soi, ne s'occupait que de soi, n'avait d'affaires que celles qui la touchaient. Dans la guerre, elles formaient autant de corps séparés, dont chacun avait son drapeau que portait le chef ou un guerrier désigné par lui ; dans les villes chaque tribu avait son propre quartier, son propre caravansérail, et même son propre cimetière (4) ». Les fonctions publiques continuèrent à n'être que des charges de famille. Il finit par en être ainsi, même du Khalifat. Snouck-Hurgronje remarque, en effet, que la Communauté musulmane « devint un empire, dirigé par une famille qui, quoique étant de la tribu du Prophète, avait le plus longtemps résisté à sa révélation et qui, après s'être emparée du pouvoir, considérait cette autorité comme son patrimoine » (5).

***

16. — D'ailleurs, le triomphe de l'islamisme n'aurait pas dû avoir pour conséquence unique d'amoindrir le rôle politique de la famille, — il aurait dû, semble-t-il, lui faire perdre également toute son importance sociale. Il n'est plus possible, en effet, de dire, comme à l'époque préislamique, qu'il n'est, pour l'individu, d'autre autorité comme d'autre garantie que celle de la famille (6). Il existe maintenant une autorité supérieure à la famille, supérieure aussi à la tribu, qui a pour mission d'assurer le respect des droits de chacun, et à laquelle chacun doit se soumettre, car il est dit au verset 62 du chapi-

(1) Coran, ch. XLIX, vers. 13.

(2) Dozy, *op. cit.*, *eod. loc.*

(3) Dozy, *op. cit.*, t. 1, p. 39. — V. en outre, Coran, ch. VI, v. 165 ; ch. XVII, v. 22.

(4) Dozy, *op. cit.*, t. 1, p. 41.

(5) *Questions diplomatiques et coloniales*, 15 juil. 1901, p. 76.

(6) V. *sup.*, n° 6.

tre IV du Coran : « O fidèles obéissez au Seigneur, à son envoyé et à ceux d'entre vous qui ont l'autorité » (1). La vie devient alors possible pour l'individu en dehors de la famille ou de la tribu, parce que la protection constante de celles-ci ne lui est plus indispensable. Si bien que, — sinon chez les Bédouins pour lesquels les difficultés et l'insécurité de l'existence ne s'étaient guère modifiées, — chez les Arabes des villes, tout au moins, l'institution d'un gouvernement régulier, d'une autorité supérieure aux tribus, aurait dû provoquer la désagrégation de celle-ci et la dispersion de la famille. — Il n'en est rien cependant, et les historiens constatent que l'ancienne organisation en tribus subsista même dans les villes, où « chaque tribu avait son propre quartier, son propre caravansérail et même son propre cimetière » (2).

17. — D'autre part, l'affermissement de l'islamisme aurait dû déterminer la disparition des luttes et des vengeances privées, marquer la fin des guerres de tribu à tribu. La législation coranique n'admet point, en effet, que l'on se fasse justice à soi-même : « Portez vos différends devant Dieu et son apôtre, dit le verset 62 du chapitre IV du Coran, si vous croyez en Dieu et au jour dernier. C'est le moyen le plus sage et le plus propre pour terminer vos contestations » (3). — Puis le Prophète affirme, à différentes reprises, que si l'on porte la responsabilité de ses propres fautes, on ne porte pas la responsabilité de celles d'autrui : « Vous ne rendrez point compte de nos actions ; nous ne rendrons point compte des vôtres... (4). Personne ne portera le fardeau d'un autre... (5). Vous ne porterez point le fardeau d'autrui (6) ». Si bien que l'individu, qui a subi une offense, n'a plus besoin, pour en obtenir la réparation, de requérir l'assistance de ses proches, — de même qu'il n'a de compte à demander qu'à son offenseur et qu'il ne peut mettre en cause la famille de ce dernier. — Et, cependant, en dépit de la réglementation nouvelle, il est bien rare que les querelles nées entre individus aient un dénouement judiciaire et ne mettent point en présence deux familles ou même deux tribus. Ici, encore, « la mission du législateur musulman a rencontré à l'origine de grandes

(1) Trad. Savary.

(2) Dozy, *op. cit.*, t. 1, p. 41.

(3) Coran, *trad. Savary*.

(4) *Eod. loc.*, ch. XXXIV, vers. 24.

(5) *Eod. loc.*, ch. XXXIX, vers. 9.

(6) *Eod. loc.*, ch. XVII, vers. 16.

difficultés » (1), et très nombreux sont, au premier siècle de l'Hégire, les cas de guerres privées relatées par les historiens (2).

18. — Enfin, tandis qu'à l'époque préislamique, il n'y a pas à proprement parler de relations individuelles, et que la nécessité d'assurer le respect de leurs droits détermine les individus à s'assurer l'assistance de leurs proches dans les marchés qu'ils passent et dans les contrats qu'ils concluent (3), — le nouvel ordre de choses établi par le Prophète va, semble-t-il, rendre inutile cette intervention des proches, et substituer à ces relations entre familles, dans le domaine du droit privé, des relations purement individuelles, puisqu'il n'est plus nécessaire, pour obtenir justice, de recourir à la force, et qu'il suffit de s'adresser « à Dieu et à son apôtre » (4). — Il n'en est pas moins vrai, qu'au premier siècle de l'Hégire, la convention de mariage apparaît encore comme un arrangement entre familles, puisque « le clan tout entier avait un droit sur le *mahr* ou prix payé par le mari aux gens de sa future » (5).

En sorte que les réformes réalisées par Mahomet n'ont pas déterminé dans le rôle social de la famille, chez les Arabes, les modifications auxquelles on serait en droit de s'attendre.

***

19. — L'établissement de l'islamisme a-t-il influé, du moins, sur l'organisation et la vie de la famille, sur la façon dont elle se constitue et sur la situation respective des individus qui la composent?

Le Prophète a vu, dans la famille, une institution d'origine divine; elle est, pour lui, l'œuvre de Dieu. « C'est Dieu, est-il dit au Coran, qui a créé d'eau les hommes, qui *établit entre eux les liens de parenté et d'affinité...* » (6). Une telle manière d'envisager les choses devait, fatalement, provoquer et légi-

---

(1) Omar Bey Loutfy, *De l'action pénale en droit musulman*, fasc. 2, p. 73.

(2) V. notamment, Caussin de Perceval, *op. cit.*

(3) V. *supr.*, n° 5.

(4) Coran, *trad. Savary*, ch. IV, vers. 62.

(5) Marçais, *op. cit.*, p. 32.

(6) Coran, chap. XXV, vers. 56; La Beaume, *op. cit.*, p. 625

timer l'intervention du chef de la Communauté musulmane, vicaire de Dieu sur la terre, dans la réglementation du droit de famille, soit, par exemple, dans le but de préciser de quelle façon la famille se constitue, s'accroît et se développe, — soit, aussi, pour en déterminer la composition, pour dire quelles personnes en font partie, — soit, encore, afin de fixer la situation respective de celles-ci, de mesurer, notamment, l'étendue des droits du chef de la famille vis-à-vis de chacun de ses membres.

20. — Or, à l'époque préislamique, la famille, on l'a vu précédemment, s'accroît et se prolonge, en quelque sorte, naturellement, par la procréation, — artificiellement, par certains actes et contrats, tels que adoption, serments de fraternité, affranchissement (1).

Pour ce qui est de l'adoption, les auteurs musulmans admettent, assez généralement, que l'usage en fut interdit par Mahomet (2), et ils invoquent, à l'appui de leur manière de voir, les versets 4, 5 et 6 du chapitre XXXIII du Coran, ainsi conçus :

Vers. 4 : « Dieu n'a pas donné deux cœurs à l'homme. Il n'a pas accordé à vos épouses les droits de vos mères, *ni à vos fils adoptifs ceux de vos enfants...* »

Vers. 5 : « *Appelez vos fils adoptifs du nom de leurs pères*, ce sera plus équitable devant Dieu. Si vous ne connaissez pas leurs pères, *qu'ils soient vos frères en religion et vos clients...* »

Vers. 6 : « Lorsque Zeid prit un parti, et résolut de répudier sa femme, nous l'unîmes à toi par le mariage, *afin que ce ne soit pas pour les croyants un crime d'épouser les femmes de leurs fils adoptifs, après leur répudiation...* » (3).

Toujours est-il que, si ces textes n'emportent pas condamnation formelle de l'adoption, ils en limitent singulièrement les effets et permettent d'affirmer que, sous l'empire de la législation coranique, l'adoption laisse l'adopté dans la famille où il est né et n'est plus, pour l'adoptant, un moyen d'augmenter le nombre de ses *asibs*.

Quant aux serments de fraternité, l'efficacité en fut tout d'abord reconnue et sanctionnée par le Prophète, ainsi que cela résulte du verset 37 du chapitre IV du Coran, ainsi conçu : « Nous avons désigné à chacun les héritiers qui doivent

(1) V. *sup.*, n° 10.

(2) V. Luciani, *op. cit.*, p. 97, n°s 137 et suiv.

(3) La Beaume, *op. cit.*, p. 615 et 616.

recueillir la succession laissée par les père et mère, par les parents, et par ceux avec lesquels vous avez formé un pacte » (1). — Bien plus, observe M. Marçais, « on peut croire que Mohammed ne fit qu'imiter cette institution des *halifs*, en établissant, dans la première année de l'Hégire, des liens de fraternité fictive entre les *Ansars* (ses auxiliaires médinois) et les *Mohadjirs* (ses partisans mecquois qui l'avaient accompagné dans sa fuite à Médine) ; de cette fraternité naissait aussi un droit réciproque de succession, comme l'affirment les commentateurs du Coran (verset 73, soura VIII)... » (2). — Mais, l'on ne tarda pas à considérer comme abolies, par les versets de la soura *Ennisa*, ces vocations héréditaires réciproques ; c'est là, du moins, la manière de voir à laquelle se sont ralliés les docteurs des Écoles malékite, chaféite et hanbalite (3) ; et, de très bonne heure, les serments de fraternité cessèrent d'être en usage, au point que certains auteurs musulmans ont pu soutenir que l'islamisme n'avait jamais admis de successibilité basée sur la fraternité.

L'affranchissement, au contraire, comme à l'époque préislamique, continue à être pratiqué. Mahomet en recommande même l'usage (4). Et, comme à l'époque préislamique, une sorte de parenté s'établit entre l'ancien maître et l'affranchi, mais qui n'est point la véritable parenté. Le lien qui unit l'affranchi au patron est simplement analogue à celui qui existe entre parents ; car le Prophète a défini lui-même le patronage : « Un lien *comme* le lien de parenté, qui ne peut être ni vendu, ni donné » (5).

En sorte que, sous l'empire de la législation coranique, il n'est de parenté véritable que celle qui dérive de la procréation. La famille islamique ne groupe plus, à proprement parler que des individus nés les uns des autres, ou se rattachant à un auteur commun.

Encore faut-il que ces divers individus soient nés de relations licites, c'est-à-dire d'un mariage régulièrement contracté, ou de la fréquentation, par le maître, de ses femmes esclaves.

Le Coran autorise, en effet, le maître à entrenir des relations avec ses esclaves. « Choisissez celles qui vous auront plu, est-il dit au verset 3 du chapitre IV. Si vous ne pouvez les maintenir avec équité, n'en prenez qu'une ou *bornez-vous*

(1) La Beaume, *op. cit.*, p. 624.

(2) Marçais, *op. cit.*, p. 28 et 29.

(3) Marçais, *loc. cit.*; Luciani, *op. cit.*, n° 140, p. 104.

(4) Coran, chap. XXIV, vers. 33.

(5) Luciani, *op. cit.*, p. 58, n° 89.

à vos esclaves... » (1). Et si des enfants viennent à naître de cette fréquentation, et si le maître les reconnaît pour siens, ils entrent dans la famille de ce dernier, et leur condition ne diffère en rien de celle des autres enfants que le maître a pu avoir de ses épouses légitimes (2).

Mais, en dehors du mariage, il n'est de relations licites possibles qu'avec les femmes esclaves. Heureux, a dit le Prophète, sont les croyants «... qui savent commander à leurs appétits charnels... (3); et qui bornent leurs jouissances à leurs femmes et aux esclaves que leur a procurées leur main droite... (4); ils seront dans les jardins d'Eden l'objet des honneurs... (5) Mais celui qui porte ses désirs au-delà est transgresseur » (6). La fréquentation d'une femme libre est interdite au musulman, et si, de cette fréquentation naissent des enfants, ceux-ci resteront à jamais en dehors de la famille de leur père. Une déclaration de paternité serait, à leur égard, inopérante; non seulement elle ne saurait emporter, pour eux, assimilation aux enfants nés du mariage, mais elle ne peut même pas engendrer des effets de droit restreints, tels que ceux qui, en droit français, découlent de la reconnaissance d'enfant naturel. De cette déclaration ne naît entre celui qui en est l'auteur et celui qui en est l'objet, aucun lien juridique. « L'enfant de la femme non mariée, dit El Asnouni, n'a pas et ne peut pas avoir de père aux yeux de la loi » (7). Et El Badouri déclare que le père n'a jamais la faculté de légitimer l'enfant né de relations illicites (8).

Il est à remarquer, enfin, que la loi coranique n'autorise la fréquentation des femmes esclaves que comme un pis aller, semble-t-il, et pour le cas où le croyant n'est pas en situation de doter une épouse; « Si vous ne pouvez les maintenir avec équité, dispose, en effet, le verset 3 du chapitre IV du Coran, n'en prenez qu'une ou bornez-vous à vos esclaves. Cette con-

---

(1) *Trad. Savary.*

(2) Van den Berg, *Principe du droit musulman selon les rites d'Abou Hanifah et de Chafi'i*, p. 159, note 1; — de Nauphal, *Mariage*, p. 46; Halil Ganem, *Les sultans Ottomans*, t. 2, p. 7.

(3) Coran, ch. LXX, vers. 29; La Beaume, *op. cit.*, p. 710.

(4) Coran, ch. LXX, vers. 30; La Beaume, *eod. loc.*

(5) Coran, ch. LXX, vers. 35; La Beaume, *op. cit.*, p. 621.

(6) Coran, ch. LXX, vers. 31; La Beaume, *op. cit.*, p. 710.

(7) Luciani, *op. cit.*, p. 105, n° 141.

(8) *Eod. loc.*, v. en outre, Van den Berg, *op. cit.*, p. 159; — Alger, 28 janvier 1889 (*Rev. Alg.*, 1890, 2, 413); — Oran, 5 juin 1902 (*Rev. Alg.*, 1902, 2, 259).

duite sage vous facilitera les moyens d'être justes... » L'on est, dès lors, autorisé à dire que, dans la pensée du Prophète, le mariage est véritablement la base de la famille; c'est par le mariage que la famille se fonde, c'est par lui qu'elle s'accroît et se développe (1).

21. — D'autre part, à l'époque préislamique, la famille, ainsi qu'il a été dit précédemment (2), ne comprend, en fin de compte, que des mâles, parents par les mâles. La femme et la fille ne comptent pas dans la famille; la femme, notamment, n'est qu'un élément du patrimoine du mari.

Or, avec l'islamisme, la condition de la femme, épouse ou fille, s'est singulièrement améliorée. Au point de vue strictement religieux, la femme devient l'égale de l'homme. « *Hommes ou femmes*, déclare Mahomet, ceux qui pratiqueront les bonnes œuvres, et qui seront en même temps croyants, entreront dans le paradis.... (3). Dieu a promis aux croyants, *hommes et femmes*, les jardins arrosés par des cours d'eau; ils y demeureront éternellement... (4). Quiconque fait une bonne action, et qui est en même temps croyant, *qu'il soit homme ou femme*, nous lui accorderons une vie heureuse, et nous lui accorderons la plus belle récompense digne de ses œuvres » (5).

Et si, légalement, la femme reste soumise à son mari (6), l'on ne peut plus dorénavant la considérer comme un simple élément du patrimoine de ce dernier. « O vous qui croyez, est-il dit au verset 23 du chapitre IV du Coran, il ne vous est pas permis de recueillir les femmes à titre de succession contre leur gré » (7). — La femme acquiert une personnalité

(1) Aussi Mahomet a-t-il fait, du mariage, une obligation pour les croyants; Coran, ch. XXIV, vers. 32. — « Mariez-vous à l'envi, procréez continûment. Au jour du jugement dernier, mon éclat sera d'autant plus grand, au milieu des autres nations, que vous aurez eu plus de fécondité..... Jeunes gens, que ceux d'entre vous qui sont en bonne condition sexuelle, se marient; rien, mieux que le mariage, n'impose la retenue aux regards, ne conserve la chasteté.... Quiconque se marie acquiert la moitié de la foi, l'autre moitié repose sur la crainte de Dieu » (Hadiths cités par Kamal, *Respect aux droits de la femme dans l'Islamisme*, p. 12 et 13).

(2) V. *sup.*, n° 10.

(3) Coran, ch. IV, vers. 123; La Beaume, *op. cit.*, p. 594.

(4) Coran, ch. IX, vers. 73; La Beaume, *loc. cit.*

(5) Coran, ch. XIII, vers. 23; La Beaume, *op. cit.*, p. 594.

(6) Coran, ch. II, vers. 228.

(7) Marçais, *op. cit.*, p. 18.

juridique; c'est à elle que doit être remise la dot promise par le mari (1). — Si le mari conserve le droit de rompre le mariage par la répudiation, sans avoir à prendre le consentement de la femme, ni à provoquer l'intervention du juge, la femme se voit autorisée à faire prononcer judiciairement, à l'encontre du mari, la dissolution de l'union conjugale (2). — Enfin, non seulement la femme ne passe plus aux héritiers du mari, avec les biens de celui-ci, mais, de plus, le Coran lui confère des droits dans la succession de son mari prédécès (3).

Des droits de successibilité sont également reconnus à la fille, à la sœur germaine ou consanguine (4); à la mère (5).

Le Prophète va, même, jusqu'à admettre, dans une certaine mesure, que la parenté peut s'établir par les femmes, puisqu'il consacre la vocation héréditaire de la grand'mère maternelle et des frères et sœurs utérins (6).

Sous l'influence de quelles causes ont été réalisées ces réformes? — Le Prophète n'a-t-il fait que s'inspirer des usages reçus à la Mecque, ville de négoce, ouverte à l'influence des cultures étrangères, en contact avec des civilisations étrangères très avancées, et dont la coutume assurait déjà aux femmes une situation fort honorable (7)? — Il est fort vraisemblable que les choses se sont ainsi passées; mais ce qu'il importe, avant tout, de noter ici, ce sont les très sérieuses modifications apportées par l'islamisme à la situation légale de la femme dans la famille.

22. — Enfin, la législation coranique a apporté de sérieuses limitations aux pouvoirs du chef sur les divers membres de famille. Tandis qu'à l'époque de la *Djahilyya*, le mari répudie sa femme, comme bon lui semble, — et que le père a sur ses enfants droit de vie et de mort (8), le Prophète déclare que « la chose que Dieu hait le plus, quoique légale, c'est la répudiation, ... que Dieu n'a rien autorisé qui lui soit plus exécrable que la répudiation » (9); il subordonne la validité de cette

---

(1) Coran, ch. IV, vers. 3; Perron, *op. cit.*, p. 171.

(2) Coran, ch. II, vers. 227; — ch. IV, vers. 39, 127, 129.

(3) Ch. IV, vers. 4.

(4) Coran, ch. IV, vers. 175.

(5) Coran, ch. IV, vers. 12.

(6) Luciani, *op. cit.*, p. 239, n° 312; Coran, ch. IV, vers. 15.

(7) Marçais, *op. cit.*, p. 35 et suiv.

(8) V. *sup.*, n° 9 et 12.

(9) Hadiths cités par Kamal, *op. cit.*, p. 78 et 79.

répudiation à la réalisation d'un certain nombre de conditions (1), et proclame que les maris, « à l'égard de leurs femmes, doivent se conduire honnêtement » (2). Il retire même au mari le droit qui, jusqu'alors, lui avait appartenu de mettre sa femme à mort, pour cause d'adultère (3).

Il cherche, en outre, à lutter contre le vieux préjugé, dont s'autorisaient les Arabes, pour supprimer les filles à leur naissance (4) ; il donne celles-ci comme un présent de Dieu ; Dieu, dit-il « crée ce qu'il veut ; il accorde aux uns des filles, il donne aux autres des enfants mâles » (5). D'une manière générale, il dénie au père le droit de tuer ses enfants (6), et déclare que « les richesses et les enfants sont les ornements de la vie » (7).

23. — Telle est la mesure dans laquelle le triomphe de l'islamisme a influé sur la constitution de la famille arabe et la situation des divers individus qui la composent. Or, quelle que soit l'importance des réformes réalisées, à ce point de vue, par Mahomet, il n'apparaît pas, ainsi que cela résulte des constatations suivantes, qu'elles aient sérieusement bouleversé les principes fondamentaux de l'ancienne organisations familiale.

a. — Si le Prophète reconnaît une vocation héréditaire à des successibles qui ne se rattachent au défunt que par les femmes, il n'a point admis pour cela que la parenté pût s'établir par les femmes. La grand'mère maternelle, en effet, et les frères et sœurs utérins sont les seuls parents par les femmes, auxquels le Coran reconnaisse la qualité de successibles *ab intestat*. Leur vocation successorale « demeure essentiellement anormale ; c'est comme telle que les jurisconsultes musulmans, eux-mêmes, la considèrent » (8). — Il est à remarquer, d'autre part, que si ces parents par les femmes peuvent venir à la succession, c'est en qualité d'héri-

(1) V. dans Sautayra et Cherbonneau (*Statut personnel et successions*, t. 1, p. 275, n° 326), les conditions de validité de la répudiation sonnite.

(2) Coran, ch. II, vers, 228 ; La Beaume, *op. cit.*, p. 597.

(3) Coran, ch. IV, vers. 19 et 30 ; La Beaume, *op. cit.*, p. 611, note 1.

(4) Coran, ch. XVI, vers. 60 et 61.

(5) Coran, ch. XLII, vers. 48 ; La Beaume, *op. cit.*, p. 614.

(6) Coran, ch. VI, vers. 141 et 152 ; ch. XVII, vers. 33 ; La Beaume, *op. cit.*, p. 613 et 614.

(7) Coran, ch. XVIII, vers. 44 ; La Beaume, *eod. loc.*

(8) Marçais, *op. cit.*, p. 149.

tiers à *fard* (1); et non pas comme *asibs*, c'est-à-dire comme membres de l'*akila*, de la famille. — Quant aux autres parents par les femmes, ils ne sont même pas héritiers à *fard* et sont dépourvus de toute vocation héréditaire. Le fils de la fille, par exemple, n'est point appelé à la succession de son grand-père maternel ; il ne compte, à aucun titre, dans la famille de ce dernier.

En sorte qu'il est vrai de dire qu'au premier siècle de l'Hégire, comme à l'époque préislamique, il n'est de parenté que par les mâles, et que la famille, telle que l'a conçue Mahomet, est, elle aussi, basée sur le patriarchat.

b. — Tandis qu'à l'époque préislamique, la famille ne comprend que des mâles, il est, par contre, sous l'empire de la législation coranique, des femmes, telles que la mère et la fille, qui y pénètrent et y acquièrent des droits. — Mais il est bon d'observer qu'il n'en est point ainsi de toutes les femmes se rattachant à la famille par les mâles; pouvant exciper d'une parenté masculine ; les nièces, les tantes, les cousines restent exclues de la famille et dépourvus de toute vocation successorale. — En outre, si l'islamisme consacre l'admission, au sein de la famille, de la femme et de la fille, des sœurs germaine et consanguine, celles-ci n'y possèdent pas une situation égale à celle des mâles parents par les mâles ; elles ne sont point *asibs*, c'est-à-dire membres de l'*akila*. Elles succèdent, en vertu d'une vocation spéciale, comme héritières à *fard*. Après le prélèvement des *fards*, elles sont exclues du reliquat de la succession par l'*asib* même le plus éloigné (2). — Et lorsqu'il arrive que la fille, par exemple, est élevée au rang d'*asib* et admise à concourir avec le fils, celui-ci a droit à une part double de celle qui revient à sa sœur (3).

Si bien que la famille islamique ne comprend, elle aussi, à proprement parler, que des mâles.

c. — Le mariage, a-t-il été dit précédemment (4), est le véritable fondement de la famille musulmane ; c'est par le mariage que cette famille se fonde; c'est par lui qu'elle s'accroît et se développe. — Or, le mariage est resté, dans la législation coranique, ce qu'il était dans les coutumes de l'ancienne Arabie. C'est encore l'achat de la femme par le mari. « Il vous est permis, est-il dit au verset 8 du chapitre v du Coran,

---

(1) L'héritier à *fard* est celui qui a droit à une part fixe dans la succession, qu'il prélève au détriment des héritiers *asibs* ou universels.

(2) Marçais, *op. cit.*, p. 37.

(3) Coran, ch. IV, vers. 12.

(4) V. *sup.*, n° 20.

d'épouser les filles honnêtes des croyants et de ceux qui ont reçu les Écritures avant vous, *pourvu que vous leur donniez leur récompense ...* » (1). Le mari doit doter sa femme; il n'y a pas de mariage sans une dot, de même qu'il n'y a pas de vente sans un prix.

D'autre part, les droits que le mariage confère au mari sur son épouse, ce sont bien encore ceux du maître sur sa chose, ceux du propriétaire sur l'objet qu'il a acheté, puisque, dans une très large mesure, l'existence de ces droits s'explique par cette idée que le mari a déboursé une certaine somme pour se procurer une femme. Le Prophète a dit, en effet, au verset 38 du chapitre IV du Coran : « Les hommes sont supérieurs aux femmes à cause des qualités par lesquelles Dieu a élevé ceux-là au-dessus de celles-ci, et *parce que les hommes emploient leurs biens pour doter les femmes* » (2).

Le mariage musulman est donc bien encore lè mariage par achat (3).

d. — Si Mahomet a apporté de notables limitations aux pouvoirs du chef sur les divers membres de la famille, ces pouvoirs restent encore, cependant, très étendus.

Tout d'abord, la famille, loin de se disperser, reste groupée sous l'autorité de son chef (4), et cette autorité reste, en fait et même en droit, considérable.

Si le mari n'a plus droit de vie et de mort sur sa femme, il conserve la faculté de la frapper, voire même de la soumettre à un emprisonnement perpétuel (5).

Et si le père ne peut plus se défaire de son enfant, cet enfant fût-il une fille, en le mettant à mort, il possède encore à son égard des pouvoirs exorbitants. C'est ainsi qu'il peut lui imposer le mariage; il peut le marier, quel que soit son sexe, sans avoir à prendre son consentement, et quand bien même il serait en état d'impuberté. Car le Prophète a dit : « Mariez vos fils et vos filles quand ils sont encore jeunes » (6).

(1) La Beaume, *op. cit.*, p. 604; V. en outre, Coran, ch. IV, vers. 3.

(2) La Beaume, *op. cit.*, p. 595.

(3) Quelques auteurs (Sautayra et Cherbonneau, *op. cit.*, t. 1, p. 54, n° 2, p. 93, n° 68 et suiv.; — Joly, *De l'esprit du droit familial dans l'islamisme*, p. 23) ont combattu cette manière de voir, et déclaré que le mariage coranique est *une association de personnes librement consentie*, mais sans fournir aucune preuve décisive à l'appui de leur affirmation.

(4) V. *sup.*, n°s 15 et 16.

(5) Coran, ch. IV, vers. 19 et 38.

(6) Sautayra et Charleville, *Code rabbinique*, t. 1, p. 39.

e. — Enfin, si, sous l'influence des réformes coraniques, l'organisation de la famille s'est quelque peu transformée, les innovations réalisées par Mahomet n'ont point été admises sans résistance par les premiers musulmans, et dès le premier siècle de l'Hégire, on les voit s'efforcer de se soustraire à l'empire des règles nouvelles et d'en annihiler l'efficacité.

Le Prophète a amélioré la condition de l'épouse, il n'admet pas que le mari puisse s'en défaire, arbitrairement, comme il lui plait, ainsi que de tout autre objet de son patrimoine et il a réglementé la répudiation. — Or, de très bonne heure, à côté de la répudiation sonnite, l'on voit s'introduire dans la législation musulmane « une répudiation plus facile et plus prompte... » (1) qui ne diffère pas sensiblement de la répudiation des temps préislamiques.

D'autre part, avec l'islamisme, la femme n'est plus aussi complètement exclue de la famille qu'elle l'était précédemment. Or, « Mahomet, en constituant une réserve légale au profit des femmes, en les élevant au rang d'héritières *fard*, en les appelant à la succession, inaugurait un droit nouveau qu'on n'osa pas discuter, mais qu'on chercha bientôt à éluder en donnant au père de famille le moyen de faire sortir ses biens de son patrimoine, de son vivant, à un titre spécial, de façon à ce qu'ils ne fussent pas compris dans son hérédité. — Le Wakf Adi fut institué dans ce but » (2). — En d'autres termes, l'on s'efforça, par le moyen du *wakf* ou *hobous*, de réaliser, à l'égard de la femme, comme au temps de la *Djahilyya*, son exclusion complète de la famille.

Il ne saurait, dès lors, des développements qui précèdent, se dégager d'autre conclusion que celle-ci : la famille a conservé dans la société islamique, politiquement et socialement une importance très grande ; et, si l'on peut constater, dans la législation coranique, un effort pour lui donner une base moins artificielle, moins arbitraire, pour faire à la parenté naturelle une plus large place, cette famille est encore, cependant, au premier siècle de l'Hégire, l'*Akila*, c'est-à-dire l'ensemble des mâles parents par les mâles.

---

(1) Sautayra et Cherbonneau, *op. cit.*, t. 1, p. 279, n° 329.

(2) Clavel, *Le Wakf ou Habous*, t. 1, p. 28.

III

24. — Les progrès de l'islamisme ont été d'une rapidité surprenante. En moins d'un siècle, en effet, un grand empire s'est fondé, groupant sous l'autorité des Khalifes, successeurs du Prophète, chefs politiques et religieux à la fois, les peuples les plus divers, — astreignant ceux-ci à l'observation d'une loi unique, la loi de l'Islam, — assurant, en un mot, l'unification politique et législative par l'unification religieuse.

Mais, de très bonne heure, le khalifat se transforme ; il se sécularise. Seuls, en effet, les quatre premiers khalifes « furent considérés par la postérité comme les khalifes par excellence, les successeurs guidés par Dieu, et la trentaine d'années qui fut remplie par leur khalifat comme l'âge d'or de l'Islam » (1). Mais, « après cette trentaine d'or, la Communauté musulmane se sécularisa. Elle devint un empire dirigé par une famille qui, quoique étant de la tribu du Prophète, avait le plus longtemps résisté à la révélation, et qui, après s'être emparé du pouvoir, considérait cette autorité comme son patrimoine. Elle s'établit à Damas, une des grandes villes du pays nouvellement conquis. Ces souverains se nommaient *khalifes* comme leurs prédécesseurs ; aussi bien qu'eux ils prétendaient être *imam* (chefs), *émir el mouminin* (directeurs des Croyants). Mais l'opinion ne leur concédait ces titres que conditionnellement. Les représentants de l'Islam au sens religieux, augmentés des ambitieux qui profitaient de ces pieux prétextes, commencèrent à se révolter, et ce n'est qu'après quelques dures et sanglantes leçons qu'ils s'habituèrent à reconnaître les khalifes Ommayyades comme rois de l'empire musulman, qu'ils se laissèrent contraindre à les appeler par les noms de khalife et d'émir des croyants ; mais les Ommayyades, de leur côté, se trouvaient obligés à laisser entre les mains des successeurs spirituels de la vieille garde une bonne partie de la direction des affaires

(1) Snouck Hurgronje, *Quest. dipl. et col.*, 15 juillet 1901, p. 76 et 77. — « Les musulmans des quatre grands rites orthodoxes donnent le nom de khalifat parfait au vicariat des quatre premiers khalifes, en s'appuyant sur cette parole du Prophète : *Après moi, le khalifat sera de trente ans. Après ce terme, il n'y aura que des puissances établies par la force, l'usurpation, la tyrannie* » (Rinn, *op. cit.*, p. 143, note 4).

religieuses. — Ainsi se faisait une séparation des pouvoirs qui d'abord avait été étrangère à l'Islam... » (1). — La situation ne fut pas changée par l'attribution du khalifat aux Abbassides, malgré que ceux-ci, non seulement appartinssent à la tribu du Prophète, mais fussent, en outre, de sa famille. « Leur domination reposait en première et en dernière instance sur la force du glaive et des influences politiques ; la direction des esprits ne leur appartenait pas » (2). La direction des affaires religieuses était passée aux *Oulama*.

Puis, il arrive un moment où cette puissance temporelle, elle-même, menace de leur échapper. Les vizirs se révoltent, et pour maintenir leur despotisme les khalifes font appel à des mercenaires qui, se sentant indispensables, ne tardent pas à parler haut et accentuent leurs exigences, si bien qu'un jour, le khalife El Kaïm dut se mettre sous la protection du Turc Seldjoukide Togrul-beg, et lui déléguer la puissance temporelle sur tous les États de l'Islamisme (3), revendiquant, pour lui, le gouvernement spirituel de l'Empire. Or, on vient de le voir, cette puissance spirituelle, les Khalifes ne l'avaient plus ; le gouvernement spirituel de l'Empire était, en fait, exercé par les *Oulama*. Il n'en est pas moins vrai que ce dédoublement proclamé des pouvoirs du Khalife, en sultanat et khalifat, ne fit que confirmer les Croyants dans cette idée que la puissance politique n'implique pas la puissance religieuse, et que le chef politique n'est pas nécessairement le chef religieux (4).

D'autre part, dès le commencement du règne des Abbas-

(1 et 2) Snouck Hurgronje, *loc. cit*, p. 77.

(3) Dugat, *Histoire des philosophes et des théologiens musulmans*, p. 169, 181 et 182 ; — Dozy, *Essai sur l'histoire de l'Islamisme*, p. 382 et 408.

(4) C'est ainsi qu'à Constantinople, le Sultân n'est aucunement considéré comme « le Saint-Père de l'Église musulmane, le suprême pasteur des brebis du Prophète ». Le véritable chef religieux est le *Cheikh el-islam*, auquel le sultan demande la ratification des lois et règlements élaborés par son gouvernement, afin qu'il soit bien établi qu'ils n'ont rien de contraire à la loi religieuse (Snouck-Hurgronje, *loc. cit.* p. 81 ; — Cahun, *Le Monde islamique*, Histoire générale de Lavisse et Rambaud, t. XI, p. 531. — Il en est ainsi, même au Maroc où, cependant, l'on ne conteste pas au prince régnant la qualité de descendant du Prophète. La maison d'Ouazzan y est tenue pour la première du monde musulman, et « les sultans reconnaissent implicitement sa primauté, lorsqu'à leur avènement ils sollicitent, du chef de la famille, une bénédiction qui est comme la consécration de leur légitimité ; de même, à la guerre, ils se font toujours accompagner par un Chérif ouazzani » (René Pinou, *Les événements du Maroc*, Rev. des Deux-Mondes, 1er mars 1903, p. 155 et 156).

sides, l'on vit apparaître « un khalifat, opposé à celui de Bagdad, en Espagne ; bientôt, il y en eut d'autres, comme celui des Fatimides d'Égypte, s'appuyant sur une différence dogmatique, et de plus en plus les royaumes musulmans les plus éloignés se soucièrent peu d'entretenir des relations suivies avec la cour de Bagdad » (1). Puis, l'empire des Abbassides, lui-même, se fractionne, se divise en royaumes dont les chefs « nommés sultans, émirs, etc., se disputaient le pouvoir, se faisaient la guerre, s'ornant d'un diplôme du khalife, lorsqu'ils pouvaient se le procurer sans grande difficulté, s'en passant, si cela exigeait trop de sacrifices » (2). — Si bien, qu'en même temps qu'ils se familiarisaient avec l'idée de la séparation des pouvoirs temporel et spirituel, les adeptes de l'islamisme se pénétraient de cette autre idée que l'unité religieuse ne suppose pas, de toute nécessité, l'unité politique, — que si *les croyants sont tous frères*, comme le dit le Coran, ils restent frères tout en appartenant à des groupements politiques différents, — et qu'un territoire ne cesse pas d'être terre d'islam, uniquement parce qu'il est au pouvoir des infidèles (3).

(1 et 2) Snouck Hurgronje, *loc. cit.*, p. 77 et 78.

(3) Léon Roches, *Trente-deux ans à travers l'Islam*, p. 13, 49 et 131 ; *Fetoua* délivrée par les ulémas de Kairouan, approuvée par les ulémas du Caire et le Midjelès de Taïf ; — Depont et Coppolani, *Les Confréries religieuses musulmanes*, p. 34 et 35 ; Fetoua obtenue des muphtis de la Mecque par M. Jules Cambon, à la suite du mouvement d'émigration en Syrie, qui s'était dessiné en 1893 parmi les indigènes de l'Algérie.

C'est là, vraisemblablement, ce qui explique que les musulmans n'aient point le sentiment des nationalités. Cela, les auteurs le constatent, et eux-mêmes le reconnaissent. « Le sentiment des nationalités n'existe pas chez les mahométans. A peine est-il sensible chez les Turcs et chez les Persans » (Mohammed ben Rahal, *Quest. dipl. et col.*, 1er novembre 1901, p. 545).

Toutefois, M. Vambéry constate que les musulmans commencent « çà et là, un peu partout, à se tendre les bras pour une fraternisation plus intime », et que les nations mahométanes croient qu'il serait « pratiquement efficace de faire prendre conscience à tous les musulmans de leur communauté d'intérêts » (*Quest. dipl. et col.*, 1er août 1901, p. 148). Le sultan de Constantinople favoriserait ce mouvement panislamique, dans le but de restaurer le khalifat à son profit. — Sur les causes de ce mouvement, ses manifestations, son avenir, consulter l'enquête à laquelle a procédé M. Ed. Fazy, et les très intéressantes communications qui lui ont été adressées, dans les *Questions diplomatiques et coloniales*, nos des 15 mai 1901, p. 579 ; 15 juillet 1901, p. 73 ; 1er août 1901, p. 147 ; 1er octobre 1901, p. 385 ; 1er novembre 1901, p. 532. — Voir, en outre : Le Chatelier, *L'Islam au XIXe siècle* ; — Cahun, *Le monde islamique*, Histoire générale de Lavisse et Rambaud, t. XII.

25. — Or, la Communauté musulmane avait, aux beaux temps du Khalifat, groupé dans son sein les peuples les plus divers, des populations différant par la race, les traditions, les mœurs, les goûts, les besoins économiques. A un moment donné, ces peuplades s'étaient trouvées soumises à une loi unique, la loi coranique. La désagrégation de l'Empire des Khalifes et la constitution, sur ses ruines, d'États indépendants allaient rendre à ces divers peuples leur liberté respective, et permettre à chacun, semble-t-il, de se développer et d'évoluer conformément à sa nature et à ses aspirations, — et l'on se croirait en droit de penser que les institutions de ces différents peuples qui, au moment de leur union politique, se trouvaient être les mêmes pour tous, n'ont pas tardé, une fois le démembrement de l'Empire des Khalifes réalisé, à présenter la plus grande diversité. L'on serait tenté d'affirmer, notamment, que le droit de famille a évolué, chez les peuples musulmans, et que l'évolution n'a pas été la même chez tous ; que la famille n'y est pas restée ce qu'elle était aux premières années de l'Hégire ; — que son rôle politique et son importance sociale se sont modifiés, de même que son organisation, sa constitution, — et ne se sont pas modifiés uniformément partout.

26. — Or, de l'examen des faits, il résulte que, dans la plupart des pays musulmans, le rôle politique de la famille est encore considérable, — et son importance, au point de vue social, très grande ; — et que, chez tous, la famille est restée, quant à son organisation et à sa constitution, ce qu'elle fut aux premiers temps de l'Islam.

27. — En *Turquie*, il est vrai, le rôle politique de la famille est nul. Les Turcs, doués d'un tempérament belliqueux, ont vécu, pendant des siècles, à l'état de guerre permanent, et cet état de guerre a déterminé, chez eux comme partout ailleurs, l'établissement d'une monarchie, dans laquelle tout est organisé en vue de la guerre, et seulement en vue de la guerre, dans laquelle le Souverain vit comme au milieu d'un camp, dans laquelle l'État est assimilé à une tente (1), — c'est-à-dire d'une monarchie absolue, despotique, dont la constitution a été favorisée également, du reste, par le caractère soumis, discipliné des Turcs (2). Aussi, en Turquie, l'aristocratie de famille n'existe-t-elle pas. « On n'y peut même

(1) Halil Ganem, *Les sultans Ottomans*, t. 1, p. 139.

(2) *Eod. loc.*, t. 1, p. 3 et 4.

pas reconnaître les familles en tant que souche. Le nom patronymique y est inconnu, et c'est tout le bout du monde si le petit-fils connaît ou se rappelle son grand-père. Le fils d'un ministre n'hérite ni du grade, ni du titre de son père ; il peut tout aussi bien être *caïqdji* (batelier) que portefaix ou ambassadeur... Les Turcs n'ont donc ni anciennes familles, ni aristocratie nobiliaire... La famille ancienne, telle que nous la comprenons, avec sa complète généalogie, ne se trouve que dans la famille impériale fondée par le célèbre Osman, premier sultan des Osmanlis » (1).

Il en est de même en *Égypte*, — où, depuis le XVIe siècle, s'est implantée la domination turque. L'organisation sociale des musulmans de ce pays repose « sur le principe de l'égalité de tous les membres. Elle n'admet en droit, ni aristocratie, ni esclaves. Ce qui constitue une aristocratie, c'est la transmissibilité des immunités. En Égypte, comme en Turquie, elles sont essentiellement viagères » (2). — Et M. Pensa constate que « l'Égypte ne possède pas, à proprement parler, d'aristocratie : quelques familles jouissent d'une fortune ou d'une influence héréditaire, mais sans privilèges ni titres ; le rang de bey et de pacha est entièrement personnel. Il n'appartient qu'à ceux qui le reçoivent directement du Khédive... » (3).

28. — Mais, partout ailleurs, il en est autrement, et cela principalement dans les régions où la vie nomade s'est maintenue. — Les tribus nomades de l'*Arabie*, par exemple, n'ont pas une organisation politique différente de celle qu'elles possédaient à l'époque préislamique. « Les Bédouins, dit Niebuhr, les vrais Arabes, qui ont fait plus de cas de leur liberté que de l'aisance et des richesses, vivent en tribus séparées, sous des tentes, et gardent encore la même forme de gouvernement, les mêmes mœurs et les mêmes usages qu'avaient leurs ancêtres dès les temps les plus reculés... Un Schech gouverne sa famille et tous les domestiques de celle-ci... Chacun des petits Schechs porte la parole pour sa famille et il en est le chef et le conducteur. Le grand Schech est obligé par là de les regarder plus comme ses alliés que comme ses sujets, car si son gouvernement leur déplait, et qu'ils ne puissent pas le déposer, ils conduisent leurs bestiaux dans les possessions d'une autre tribu, qui, d'ordinaire, est charmée d'en fortifier son parti. Chaque petit Schech

(1) De Règla, *op. cit.*, p. 223.

(2) Gr. Encyclopédie, V° *Égypte*, p. 656, col. 1.

(3) Pensa, *l'Égypte et le Soudan égyptien*, p. 161.

n'est pas moins intéressé à bien diriger la famille, qui, sans cela, le déposerait ou l'abandonnerait aussitôt » (1). — Létourneau observe, également, que « les siècles et même l'islamisme ont glissé sur les Bédouins nomades de l'Arabie, mais sans modifier leurs mœurs, ni même leur organisation sociale et politique » (2).

Les nomades de *Syrie* ou d'*Égypte* ne se sont pas transformés davantage. « En Égypte, en Syrie, comme dans l'Arabie même, dit Zaborowski, l'Arabe nomade a conservé tous les caractères de la race... Les Arabes nomades en Égypte, en Syrie, en Arabie, vivent encore en petites tribus, sous l'autorité patriarcale d'un des leurs, l'ancien ou cheikh » (3).

Les nomades d'*Algérie* font, de la part de Laugier de Tassy, l'objet de constatations identiques. « Les Mores de la campagne, rapporte-t-il, errent en familles; mais ils sont si nombreux qu'ils forment des nations entières, ou des tribus comme les Arabes... Les chefs de tentes s'assemblent tous les soirs à cheval, et forment un cercle autour du cheikh de l'Adouar, comme lorsqu'un major donne l'ordre dans un camp ou dans une garnison. Dans cette assemblée, on discute toutes les affaires actuelles du village... » (4). — A une époque plus récente, Fromentin, parlant des déplacements des nomades du Sud algérien et de la tribu en marche, s'écrie : « Admirable spectacle qui renouvelle ici sous nos yeux, en plein âge moderne, à deux pas de l'Europe, les migrations d'Israël » (5). — Et, parmi ces tribus algériennes, comme chez celles de l'ancienne Arabie, il en est qui croient à la noblesse de leur origine, et revendiquaient pour ce motif, avant l'occupation française, le droit d'exercer sur les autres une véritable suprématie politique. Leurs ancêtres, à les en croire, auraient été parmi les premiers conquérants du Moghreb ; elles descendraient des Arabes de la première invasion (6). Elles constituaient une sorte de noblesse, d'aristocratie militaire, dont les membres portaient le nom de *Djouad* (7). Et, parlant de ces derniers, Laugier de Tassy disait : « Ils sont si fiers de n'avoir mêlé leur sang avec

(1) Niebuhr, *Description de l'Arabie*, t. II, p. 250 et suiv.

(2) Letourneux, *op. cit.*, p. 226.

(3) Gr. Encyclopédie, v° *Arabie*, p. 508; v° *Égypte*, p. 655.

(4) Laugier de Tassy, *Histoire d'Alger*, p. 60 et 68.

(5) Fromentin, *Un été dans le Sahara*, p. 57.

(6) Trumelet, *L'Algérie légendaire*, p. 498, note 1.

(7) Villot, *Mœurs, coutumes et institutions des indigènes de l'Algérie*, p. 298.

celui des autres peuples, qu'ils s'estiment les plus illustres de toute l'Afrique » (1). — Certaines tribus se donnaient, même, une origine plus lointaine et plus illustre, et voyaient dans leurs chefs des descendants du prophète David (2). — Et ces prétentions nobiliaires n'avaient, également, d'autre but que de justifier des ambitions, de légitimer des prérogatives politiques. Comme à l'époque préislamique, comme au premier siècle de l'Hégire, on voyait dans les fonctions publiques des privilèges en même temps que des charges de famille.

Enfin, pour ce qui est du *Maroc*, l'on constate qu'à l'heure actuelle, la famille y est encore la véritable unité des agglomérations de nomades. Ceux-ci, « pasteurs par excellence, vivent du produit de leurs troupeaux, sillonnent chaque année les parcours sur lesquels l'antiquité de leurs migrations leur a départi un droit d'usage... L'influence de la consanguinité a contribué à former une unité politique et administrative, la tribu, *arch*, dans laquelle les mesures communes sont discutées par l'assemblée, *djemâa*, des cheikhs. L'individu dans la tribu n'est rien, il appartient à la famille, à sa collectivité » (3). — Et parlant de cette organisation, M. Erckmann constate que, basée sur la famille, elle suffit aux membres de la tribu, et que ceux-ci ne sentent nullement la nécessité d'un pouvoir central (4).

29. — Ce n'est pas, d'ailleurs, seulement chez les nomades que la famille a conservé toute son importance politique; celle-ci s'est également maintenue, bien qu'à un moindre degré, chez les musulmans des villes.

Dans l'*Oman*, par exemple, Palgrave constate que le gouvernement du pays est une monarchie, non pas absolue comme dans la plupart des États de l'Orient, mais *limitée par l'action d'une puissante aristocratie* et par l'usage de certains droits populaires que les siècles ont sanctionnés; ... que l'Oman est moins un royaume qu'une agrégation de municipalités. Chaque ville, chaque bourgade a son existence propre et un chef particulier... Le roi nomme ou dépose les gouverneurs locaux, *à la condition néanmoins de les choisir toujours dans la même famille* » (5). Si donc, politiquement, l'Oman est une

(1) Laugier de Tassy, *op. cit.*, p. 77.

(2) Sidy Hamdan ben Othman Khodja, *Aperçu historique et statistique sur la régence d'Alger intitulé en arabe « le Miroir »*, traduit par H. D.

(3) Frisch, *Le Maroc*, p. 158 et suiv.

(4) Erckmann, *Le Maroc moderne*, p. 114.

(5) Palgrave, *Une année de voyage dans l'Arabie centrale*, t. 2, p. 323.

agrégation de municipalités, — chaque municipalité y apparaît comme une agrégation de familles.

Et c'est là un fait d'autant plus intéressant à signaler que les habitants de l'Oman se rattachent à cette secte Kharidjite (1), dont les fondateurs étaient « des républicains, des démocrates » (2); ils pensaient que le mieux eût été de « n'avoir pas de souverain du tout » (3), mais que s'il en fallait un, il devait être choisi par tous, et dans ce cas, « il était indifférent de savoir à quelle tribu ou à quelle classe de la société il appartenait; ce pouvait être un Nabathéen ou un Koraïchite, un esclave ou un homme libre, pourvu seulement qu'il fût honnête et juste » (4); en sorte que, chez les adeptes de leurs doctrines, aucune distinction, aucun privilège politique, dérivant de l'origine, de l'ancienneté ou de la condition de la famille, n'aurait dû subsister.

L'on peut, d'ailleurs, observer la même contradiction entre les principes et les faits chez nos Abadhites du *Mzab*, qui appartiennent à la même secte que les habitants de l'Oman (5). Depuis la ruine de l'empire rostèmide, depuis leur émigration à Ouargla, d'abord, puis dans la vallée de l'oued Mzab, ils n'ont plus d'*imam*. En 1882, lors de leur annexion à l'Algérie, les sept villes du Mzab formaient une confédération. Chacune d'elles était administrée par trois *djemâas* : la *halka* des *Azzaba*, — la *djemâa* des *Aouames*, — la *djemâa* des *Mekaris* (6). Ceux-ci n'étaient, à proprement parler, que des agents d'exécution, « chargés de la police générale, du maintien de l'ordre, de l'arrestation des malfaiteurs et gens de désordre » (7). — Quant à la *halka* des *Azzaba*, c'est-à-dire des clercs, — elle eût dû, conformément à la doctrine abadhite pure, concentrer et exercer tous les pouvoirs (8). D'ailleurs, pour appartenir à la classe des *Azzaba* ou des clercs, il suffisait d'avoir donné des preuves de savoir et de piété; tout le monde pouvait aspirer à y entrer, car on ne reconnaissait au Mzab, ni *cheurfa*, descendants du Prophète, ni familles maraboutiques auxquelles auraient été réservées, par privilège d'hérédité, les fonctions religieuses (9). — Mais, très

(1) Masqueray, *Chronique d'Abou Zakaria*, Introduction, p. XLVII et suiv.

(2, 3, 4) Dozy, *Essai sur l'histoire de l'islamisme*, p. 212 et 213.

(5) Masqueray, *loc. cit.*

(6) De Motylinski, *Guerara depuis sa fondation*, p. 23 et suiv.

(7) *Eod. loc.*, p. 33.

(8) Robin, *Le Mzab et son annexion à la France*, p. 29.

(9) *Eod. loc.*, p. 25.

vite, une lutte s'engagea entre l'élément religieux et l'élément laïque, entre la *halka* des *Azzaba* et la *djemâa* des *Aouames*, au cours de laquelle cette dernière vit son influence s'accroître peu à peu, si bien que les *Aouames* ou laïques réussirent à exproprier les clercs d'une partie de leurs pouvoirs et attributions et à se faire associer à l'exercice de la souveraineté. — Or, la *djemâa* des *Aouames* se composait des représentants, en chaque ville, des différentes fractions ou familles constituant la population de cette ville. Les distinctions entre familles s'étaient, en effet, maintenues très nettes. M. de Motylinski observe notamment, que les Mozabites, à l'heure actuelle encore, ne confondent pas les fractions qui ont pris part, à l'origine, à la fondation de leurs villes, et celles qui se sont jointes, par la suite, aux premiers habitants. A Ghardaïa, par exemple, chaque fraction fondatrice a un cimetière qui lui est particulièrement réservé ; les autres ont un cimetière à part (1). Et chacune de ces fractions avait un délégué chargé de représenter ses intérêts dans l'assemblée des laïques (2). — Si bien que cette *djemâa* des *Aouames*, dont l'importance politique s'accroissait chaque jour, au Mzab, au détriment de la *halka* des clercs, nous apparaît, en somme, comme un groupement, un corps politique dont l'unité était la famille.

A *Ghadamès*, ville essentiellement commerçante, dit Duveyrier, « la force de l'habitude comme celle de la nécessité maintiendra l'administration de la ville aux mains des notables commerçants du pays » (3). Mais le même explorateur fait observer que si l'on y trouve « tous les corps de métiers qu'exige l'isolement de la ville, ... ces professions sont généralement exercées de père en fils dans la même famille » (4). — Il remarque également, que la population de Ghadamès est constituée de quatre groupes distincts, que cette répartition est basée sur une différence d'origine, que chaque groupe occupe dans la ville un quartier distinct, que deux de ces groupes d'origine berbère, les Beni-Ouazit et les Beni-Oualid, se sont longtemps disputé le pouvoir, et qu'aujourd'hui encore, « quoiqu'en meilleure intelligence, ils évitent réciproquement de prendre demeure en dehors du quartier de leurs tribus » (5). — En sorte qu'à Ghadamès, le

(1) De Motylinski, *op. cit.*, p. 6, note 2.

(2) *Eod. loc.*, p. 6. — Masqueray, *Formation des cités chez les populations sédentaires de l'Algérie*, p. 175. — Coyne, *Le Mzab*, p. 26.

(3) Duveyrier, *Les Touaregs du Nord*, p. 265.

(4) *Eod. loc.*, p. 260.

(5) *Eod. loc.*, p. 256.

développement du commerce, l'accroissement de la richesse, la spécialisation des professions, n'ont point eu pour résultat la désagrégation de la famille, non plus que la ruine de son influence politique.

De même, l'histoire de *Laghouat* est celle d'une lutte interminable entre les Hallafs et les Ouled-Serrin. Aujourd'hui encore, ces deux familles constituent deux fractions très distinctes de la population; elles vivent dans des quartiers séparés, et leurs relations, pour nécessairement pacifiques qu'elles soient depuis l'occupation française, n'en sont pas moins restées extrêmement rares.

A *Alger*, enfin, à la veille de la conquête française, nous voyons les individus se grouper par quartiers, suivant leur origine et bénéficier d'une administration séparée. Les étrangers à la ville, dit de Grammont « étaient divisés par nationalités, et chaque groupe avait un chef ou amin, qui jouissait de certains droits justiciers ; il était responsable des actes de sa corporation » (1). — « Les Kabyles, Biskris, constate également Depont, formaient dans les villes, à Alger, notamment, autant de corporations distinctes qui obéissaient à des chefs investis du titre d'amins » (2) — Du temps des Turcs, nous apprend encore le commandant Coyne, il existait une responsabilité matérielle entre tous les Mozabites habitant le Tell ; ils avaient dans chaque ville une caisse dans laquelle tout individu des Beni-Mzab faisant le commerce ou exerçant un méter quelconque était tenu de verser annuellement une certaine somme, proportionnée à ses moyens : cette caisse de réserve servait à payer les dettes de ceux qui quittaient le Tell sans avoir fait face à leurs engagements ; elle servait aussi à venir en aide à ceux qui se trouvaient dans la misère. — Une commission composée de membres élus par la corporation des Beni-Mzab de la ville, et ayant l'amin pour président avait la surveillance de cette caisse » (3).

De même chaque profession avait un amin, et le chef de tous ces amins se nommait « le *Cheik-el-balad*, ou le gouverneur de la ville » (4). — Or, il est à remarquer que les professions étaient généralement héréditaires, si bien que les gens exerçant la même profession se trouvaient avoir, le plus souvent, une origine familiale commune ; presque toujours,

(1) De Grammont, *Histoire d'Alger sous la domination turque*, p. 230.

(2) Depont, *Congrès international de sociologie coloniale*, t. 2, p. 85, note 1.

(3) *Le Mzab*, p. 35.

(4) *Le Miroir*, p. 77.

d'ailleurs, ils vivaient groupés dans la même rue ou dans le même quartier (1). — Enfin, l'auteur du *Miroir* nous apprend qu'à Alger et dans les autres villes de la Régence, il existait, à côté du *Cheik-el-balad*, un second gouverneur, *choisi parmi les premières familles* et descendant d'un marabout; ce personnage était investi du titre de *Nakib-el-Aschraf*, et devait dans toutes les circonstances importantes, réunir chez lui le *Cheik-el-balad* et tous les amins qui dépendaient de lui, à l'effet de délibérer sur les résolutions à prendre (2). — Si bien que, dans l'administration municipale de ces villes de la Régence, il semble bien que le rôle de la famille était resté prépondérant.

***

30. — Ainsi la famille apparaît encore chez les Musulmans de l'époque moderne, comme l'un des rouages importants de l'organisation politique. — Mais en est-il de même au point de vue social? La famille est-elle demeurée, dans les pays musulmans, la véritable unité sociale, de même, qu'à nombre de points de vue, elle est restée l'unité politique? — Ou bien, au contraire, l'individu a-t-il réussi à se dégager de la famille, et les relations individuelles se sont-elles substituées aux relations *interfamiliales?*

Certes, l'importance sociale de la famille s'est, avec le temps, notablement amoindrie. Et, cependant, assez souvent encore, l'on voit, à l'occasion de rapports juridiques entre individus, que ces rapports soient nés de contrats ou d'actes délictueux, la famille intervenir pour revendiquer et exercer certains droits, et les jurisconsultes musulmans agréer et sanctionner cette intervention.

En cas de vente, par exemple, par un copropriétaire, de la part indivise lui appartenant dans un immeuble, les autres copropriétaires possèdent, à l'encontre de l'acquéreur le droit de *Chefâa ;* ils peuvent évincer cet acquéreur, lui enlever le bénéfice de son acquisition, en lui remboursant le prix de celle-ci. « Le *Chefâa,* dit en effet Ibn Arfa, est le droit de tout copropriétaire indivis de retirer des mains de l'acquéreur étranger, en le rendant indemne, la part qu'il a acquise

(1) A Blida notamment; v. Trumelet, *Blida*, t. 2, p. 896.

(2) *Le Miroir*, p. 77.

d'un autre copropriétaire » (1). C'est le droit que certains commentateurs appellent : droit de retrait (2), — et d'autres : droit de préférence ou de préemption (3).

Cette institution, en apparence tout au moins, n'est pas spéciale à la loi musulmane ; on en rencontre d'analogues en nombre de législations, dans la loi hébraïque, comme dans la loi romaine ou dans celle de notre ancienne France (4). Et pour justifier les prescriptions, en la matière, de ces différentes législations, on a coutume de dire qu'il faut y voir une survivance des règles du droit primitif sanctionnant les prérogatives de la communauté à l'encontre de ses divers membres ; ceux-ci n'avaient, à l'origine, sur les biens communs, qu'un droit de jouissance purement précaire ; par l'exercice du retrait, la communauté ne faisait que reprendre ce qui lui appartenait déjà, à celui au profit de qui un membre de la communauté s'était indûment dessaisi.

Nous n'avons pas à discuter la valeur de cette explication. Nous nous bornerons à faire observer qu'il ne nous semble pas qu'elle puisse être invoquée pour justifier l'existence du *Chefâa* dans la législation musulmane.

C'est, qu'en effet, le *Chefâa* peut être pratiqué dans des hypothèses où il ne saurait être question de faire intervenir cette idée d'un droit appartenant à la communauté sur les biens communs, et primant ceux des divers communistes. Car, ce n'est pas seulement à l'encontre d'un acquéreur de droits indivis qu'il peut être exercé. « Avant le Prophète, dit Ibnou Rouchd, lorsqu'un individu avait acheté un enclos, ou une maison, ou une portion d'enclos ou de maison, le *voisin* ou le copropriétaire de l'immeuble se rendait auprès de l'acquéreur et le suppliait de lui céder son marché, afin d'éloigner le préjudice qui résultait pour lui de ce marché » (5). — Les Hanéfites se sont approprié, sur ce point, les dispositions du droit primitif (6), et, aujourd'hui encore, au cas de vente

---

(1) Sidi Khalil, *trad. Seignette*, p. 277.

(2) Sautayra et Cherbonneau, *op. cit.*, t. 2, p. 279.

(3) Hanoteau et Letourneux, *La Kabylie et les coutumes Kabyles*, t. 2, p. 401 ; — Nasralla, *De la préemption en droit Égyptien* ; Thèse pour le Doctorat, Aix, 1897.

(4) Hanoteau et Letourneux, *op. cit.*, t. 2, p. 412, note 1 ; — Sautayra et Cherbonneau, *op. cit.*, t. 2, p. 282, n° 764 ; — Zeys, *Droit musulman algérien*, t. 2, p. 73, n° 492.

(5) Zeys, *op. cit.*, t. 2, p. 73, n° 492.

(6) Zeys, *loc. cit.* ; Sautayra et Cherbonneau, *op. cit.*, t. 2, p. 281, n° 763 ; Ibrahim Halebi, M. d'Ohsson, *Tableau général de l'Empire Ottoman*, t. 6, p. 93.

portant sur la pleine propriété d'un immeuble, ils autorisent le plus proche voisin à déposséder l'acquéreur en lui remboursant son prix d'acquisition. C'est ainsi que, lorsqu'en 1880, le général tunisien Khéreddine vendit à une compagnie française, la société Marseillaise, son domaine de l'Enfida, un israélite protégé ou naturalisé Anglais, Yousouf Lévy, se disant propriétaire d'une terre touchant l'Enfida, déclara vouloir exercer le droit de *Chefâa* à l'encontre de la société Marseillaise, et s'il en fut empêché, c'est uniquement parce que le vendeur, conformément à l'usage, s'était réservé une bande étroite de terrain faisant le tour de son domaine et soustrayant l'acquéreur à tout contact avec les voisins (1).

Ainsi l'exercice du droit de *Chefâa*, et cela depuis une époque très reculée, n'implique pas nécessairement l'existence d'une indivision. Et, cependant, l'attribution, au plus proche voisin, du droit de pratiquer ce retrait, ne peut guère se justifier que par cette idée que les divers propriétaires d'une région déterminée ont, vraisemblablement, une même origine, se rattachent à un auteur commun. Il nous paraît certain, également, qu'il s'agit là d'une institution conçue dans l'intérêt de la famille, destinée à lui permettre d'assurer le respect de ses droits et la défense de ses intérêts. — Mais puisqu'il est impossible de voir, dans ce droit de *Chefâa*, une survivance du droit, sinon exclusif, tout au moins plus fort, qui aurait appartenu à la communauté sur les biens communs, (puisqu'il peut être exercé sans qu'il y ait communauté de biens), — il n'est, à notre avis, d'autre justification de l'existence et de la persistance de ce droit de retrait que celle-ci : il s'agit là d'une institution qui s'est formée et développée à une époque où il n'est pour l'individu d'autre autorité, comme d'autre garantie que celle de la famille, et qui est née de cette situation. L'individu ne peut jouir paisiblement du bénéfice de ses acquisitions sans la protection de la famille ; — et cette protection, la famille la doit à chacun de ses membres. Mais cette obligation qui pèse sur la famille a pour contrepartie l'obligation pour chacun des membres de celle-ci, de ne rien faire qui puisse nuire à la famille, diminuer sa force ou engager sa responsabilité. De là, en quelque sorte, pour la famille, le droit de surveiller, de contrôler les relations de chacun de ses membres avec des étrangers, et de s'opposer à ce que rien de définitif ne puisse s'accomplir sans son assistance ou sa participation.

---

(1) P. H. X. ; *La politique française en Tunisie*, p. 102 et suiv.

31. — Enfin, s'il n'est plus vrai de dire que, d'une manière générale, les conflits entre individus mettent aux prises les familles auxquelles ils appartiennent, on ne saurait, non plus, prétendre que ces familles soient toujours et nécessairement exclues du règlement de ces conflits, et qu'ici, encore, des rapports purement individuels se soient entièrement substitués aux rapports *interfamiliaux*.

En cas de meurtre ou d'homicide, par exemple, c'est aux proches parents de la victime seulement, qu'il appartient de poursuivre l'application de la loi et de réclamer le prononcé d'une peine contre le coupable (1). Le juge ne pourrait, sans commettre un excès de pouvoir, agir d'office. — D'autre part, chez les musulmans du rite malékite, lorsqu'une personne est accusée d'homicide ou de meutre, que l'accusation n'a pu être prouvée, mais que de graves présomptions de culpabilité existent, on met en demeure les proches de la victime de compléter la preuve par leur serment. « Toute présomption grave d'homicide ou de meurtre, dit en effet Sidi Khalil, commis sur la personne d'un musulman libre de l'un ou de l'autre sexe, donne lieu à compléter la preuve par le serment des cojurants, proches parents de la victime.... Le serment des cojurants consiste en cinquante serments péremptoires prononcés consécutivement » (2). — Et si les proches de la victime se refusent à cette prestation de serment, le serment est, alors déféré, au cas d'homicide involontaire, à la tribu toute entière à laquelle appartient le coupable présumé; chacun des membres de cette tribu est mis en demeure d'affirmer, sous la foi du serment, l'innocence de celui qu'on croit être l'offenseur (3). Ce n'est point seulement l'auteur présumé du meurtre ou de l'homicide involontaire qui est mis en cause, mais sa tribu, son *akila* toute entière.

Si tous les membres de l'*akila* prêtent serment, l'*akila* se trouve exemptée de la *diah ;* elle n'a point à payer le prix du sang. — Elle le doit, au contraire, dès l'instant où certains de ses membres se sont refusés à la prestation de serment (4).

D'ailleurs, au cas d'homicide, blessures ou coups involontaires, le prix du sang est mis à la charge de la tribu, dès l'instant où la preuve de la culpabilité a été faite autrement que par l'aveu du coupable. D'après Sidi-Khalil, en effet, « la composition légale pour homicide, blessures ou coups invo-

(1) Omar Bey Loutfy, *op. cit.*, fasc. 1, p. 38.

(2) Sidi Khalil, *trad. Seignette*, art. 1853 et 1871.

(3) *Eod. loc.*, art. 1877.

(4) Sidi Khalil, *trad. Seignette*, art. 1877.

lontaires, commis sur la personne d'un homme libre et autrement prouvés que par simple aveu est *à la charge de l'offenseur et de sa tribu*... » (1).

Or, d'où vient que l'*akila* soit ainsi mise en cause, tant pour affirmer l'innocence de l'accusé que pour indemniser la victime du crime qu'on lui impute ? — Est-ce à raison d'une présomption de culpabilité qui pèserait sur tous les membres de l'*akila* ? — Pour ce motif que très certainement le coupable est l'un des membres de cette *akila*, et que ceux de ses membres qui n'ont point directement participé au crime, ont tout au moins commis la faute de ne le point empêcher ou d'en dissimuler l'auteur ? — Non, très certainement, car la responsabilité de l'*akila* reste engagée, alors même que le coupable est connu. « La composition légale, dit en effet Sidi Khalil, est à la charge de l'offenseur et de la tribu, par contribution entre eux... » (2). — « D'après Abou Hanifâh, dit également Charani, le coupable est compris dans les membres de l'akilah, contribue avec eux et est tenu de payer ce que chacun d'eux est tenu de payer » (3).

Il est même des jurisconsultes musulmans qui admettent que le coupable n'a point à contribuer au paiement du prix du sang. « D'après Chaféi, si l'akilah a de quoi payer le diah, le coupable n'est tenu de rien payer ; si elle n'a pas de quoi satisfaire au diah, il est tenu de payer. — D'après Ahmed, le coupable n'est tenu de rien payer, que l'akilah soit ou non en mesure de satisfaire au diah » (4).

D'autre part, la répartition de la somme à payer se fait entre tous les membres de l'*akila*, non point proportionnellement à la culpabilité possible ou présumée de chacun, mais proportionnellement à ses ressources (5).

Enfin, lorsque l'offenseur est inscrit sur les rôles de la milice, on astreint, en même temps que lui, au paiement de la composition, ceux qui sont inscrits sur le même rôle (6). Et, cependant, il est impossible de voir, dans le seul fait de figurer au même rôle que l'auteur d'un crine, une présomption de complicité avec ce dernier. — Ainsi que le fait observer M. Seignette, cette particularité de la loi musulmane ne peut s'expliquer que par cette idée, qu'à l'origine, « les soldats

(1) Sidi Khalil, *trad. Seignette*, art. 1834.

(2) *Eod. loc.*

(3) Chârâni, *trad. Perron*, p. 464.

(4) *Eod. loc.*

(5) Sidi Khalil, *trad. Seignette*, art. 1839.

(6) Sidi Khalil, *trad. Seignette*, art. 1836 ; Chârâni, *trad. Perron*, p. 465.

portés sur le même rôle de la milice nationale étaient nécessairement membres d'une même tribu et successibles les uns des autres à différents degrés » (1).

Ainsi, dans les différentes hypothèses qui nous occupent, la mise en cause et la responsabilité de l'*akila* ne sauraient se justifier par l'idée d'une présomption de culpabilité ou de faute pesant indistinctement sur tous ses membres. Elles se comprennent, au contraire, très aisément, si l'on veut bien y voir, avec nous, une survivance des institutions d'une époque où il n'est point, à proprement parler, de relations individuelles, où les conflits nés entre individus mettent aux prises les familles auxquelles ils appartiennent, et doivent se régler entre celles-ci.

***

32 — Quant à l'organisation de la famille, elle est exactement, à l'heure actuelle, chez tous les peuples musulmans, ce qu'elle était chez les Arabes du premier siècle de l'Hégire.

A certains égards, cependant, il semble que des efforts aient été faits pour modifier cette organisation. Le Prophète, on l'a vu plus haut, a élargi quelque peu le cercle de la famille, en y admettant, — tout en les y maintenant dans une situation particulière, — des femmes et des parents par les femmes. Or, les Hanéfites sont allés plus loin dans cette voie ; ils ont reconnu une vocation héréditaire aux *dhouou alarham*, aux gens de matrice, aux parents par les femmes. Ils s'y sont crus autorisés par un hadith ainsi conçu : « L'oncle maternel est héritier de celui qui n'a pas d'héritier », et par le verset 76 du chapitre VIII du Coran, dans lequel il est dit que : « ceux qui sont unis par les liens du sang sont les plus proches les uns des autres » (2).

Mais les Malékites n'ont point accepté cette manière de voir. « L'avis général, disait Malek, incontesté des docteurs dans notre pays, est que le fils du frère utérin, le grand-père maternel, l'oncle frère utérin du père, l'oncle maternel, la bisaïeule mère du grand-père maternel, la fille du frère germain, les tantes paternelle et maternelle, n'ont aucun droit de succession, en raison de leur parenté. Toutes les femmes plus éloignées que celles précitées sont frappées de la même

(1) Seignette *trad. Sidi Khalil*, p. 722.

(2) Marçais, *op. cit.*, p. 78.

exclusion. Aucune femme ne doit hériter en dehors de celles qui sont désignées. Or, le Livre saint ne parle que de la mère, des filles, de l'épouse et des sœurs germaines, consanguines et utérines ; quant à la grand'mère, le Prophète a prononcé qu'elle avait droit à un *fard* » (1). Malek contestait, en effet, l'authenticité du hadith invoqué par les Hanéfites, et déclarait que ni le Coran, ni la Sonnah ne mentionnaient ces gens de matrice « au nombre des héritiers, et qu'il ne fallait pas ajouter aux prescriptions de Dieu ou à celles du Prophète » (2).

Quant à Chaféy, il se refuse comme Malek, à admettre la vocation successorale des gens de matrice ; et, si ses disciples ne l'ont pas suivi sur ce point, ils n'ont admis, toutefois, les *dhouou alahram* à succéder qu'autant qu'il s'agirait, pour ceux-ci, d'exclure le *Beit-el-mal*, et seulement dans le cas où le *Beit-el-mal* serait mal administré (3).

Enfin, si les Hanbalites se sont en matière, ralliés à la doctrine hanéfite, il est à remarquer que, comme les Hanéfites d'ailleurs, ils n'admettent les gens de matrice à succéder qu'à la dernière extrémité, pour ainsi dire, à défaut d'héritiers *asibs* ou *fards* et alors que la succession devrait être recueillie par le *Beit-el-mal* (4).

En sorte que les jurisconsultes musulmans, même les plus favorables à la parenté par les femmes, n'attachent point à cette parenté la même importance qu'à la parenté par les mâles, et maintiennent aux mâles, parents par les mâles, leur situation privilégiée. — Il est donc vrai de dire, qu'à l'heure actuelle encore, la véritable famille musulmane c'est toujours l'*akila*, c'est-à-dire l'ensemble des mâles parents par les mâles.

33. — On peut le dire d'autant mieux que, en tous les pays musulmans, l'on s'est ingénié à diminuer l'importance des réformes réalisées par le Prophète au profit de certaines femmes, et ayant pour objet de modifier et d'améliorer la situation de celles-ci dans la famille. Des efforts ont été fait dans ce but, on l'a vu plus haut (5), dès le premier siècle de l'Hégire ; et ils ont été couronnés de succès.

Le Prophète avait voulu rehausser la condition de l'épouse, faire en sorte que l'on cessât de voir en elle un élément du

(1) Marçais, *op. cit.*, p. 177.
(2) *Eod. loc.*, p. 78.
(3) *Eod. loc.*, p. 78.
(4) *Eod. loc.*, p. 77.
(5) V. *Sup.*, p. 37

patrimoine, dont le mari pouvait disposer comme bon lui semblait, comme de tout autre élément de sa fortune, et dont il était libre de se défaire, dès l'instant où il avait cessé de lui plaire. Il avait cherché à faire en sorte que le mari ne pût, sans motif sérieux, répudier sa femme. — Son but n'a pas été atteint, car, à côté de la répudiation dite sonnite, s'introduisit une répudiation coutumière « plus facile et plus prompte » (1), qui laissa au mari, dès qu'il lui en prenait fantaisie, toute commodité pour rompre le mariage.

D'autre part, le Prophète, tout en attribuant aux mâles une part double, aurait voulu, semble-t-il, que les filles fussent admises à succéder en même temps et dans les mêmes conditions que les fils. — Or, dans l'hypothèse d'une succession laissée par un affranchi sans parents successibles et au cas de prédécès du patron, il a été décidé que, seuls et à l'exclusion des filles, les fils du patron pourraient prétendre à cette succession (2).

L'on s'est même efforcé, ainsi qu'il a été dit plus haut (3), d'écarter les femmes de toute succession et de leur enlever toute vocation héréditaire, et grâce à l'institution du *hobous*, ces tentatives ont pleinement réussi. — Ne pouvant exhéréder directement et ostensiblement ses filles au profit de ses fils, le musulman hobouse ses biens au profit d'une fondation pieuse, en stipulant, qu'avant de parvenir à cette dernière, l'usufruit de ses biens appartiendra à ses enfants mâles, puis aux descendants mâles de ces derniers par les mâles. Cette pratique fut tout d'abord condamnée par les quatre Écoles orthodoxes. Mais les jurisconsultes du rite Hanéfite finirent par l'autoriser (4). Et, dès lors, qu'est-il arrivé ? — C'est que les jurisconsultes de l'École malékite, par exemple, eurent beau protester, déclarer, comme Sidi Khalil, que « la fondation est nulle si elle est faite au profit des fils du fondateur, à l'exclusion de ses filles » (5), — toutes les constitutions de hobous furent placées par les fondateurs, sous l'empire des règles du rite hanéfite. — Malgré qu'à une certaine époque, en effet, on ait contesté au musulman appartenant à un rite déterminé, la faculté de changer de rite (6),

(1) Sautayra et Charbonneau, *op. cit.*, t. I, p. 278, n° 329.

(2) Luciani, *op. cit.*, p. 65, n° 100.

(3) V. *Sup.*, n° 23.

(4) V. Clavel, *Le Wakf ou Habous*, t. I, p. 27 et suiv. — Mercier, *Le Code du Hobous*, p. 25 et suiv.

(5) Sidi Khalil, *trad. Seignette*, art. 1240.

(6) Dugat, *op. cit.*, p. 342, note 1.

il semble bien que, d'assez bonne heure, cette liberté lui ait été laissée, à l'occasion d'un acte déterminé, tout au moins (1). Toujours est-il, qu'en fait, en Algérie, par exemple, tous les hobous sont constitués suivant le rite hanéfite; et le choix de ce rite est déterminé, presque toujours, uniquement par cette considération qu'il fournit au constituant un moyen d'exhéréder ses filles et les filles de ses fils. Le hobous n'a d'autre but, le plus souvent, en somme, que de modifier l'ordre légal des successions, et de réaliser, en matière successorale, cette exclusion des femmes qu'avait consacrée la coutume préislamique (2).

34. — C'est, qu'en effet, quoiqu'on en ait pu dire, les idées ne se sont guère modifiées. Le musulman voit toujours, dans le mariage, l'acte par lequel il achète une femme. « Le don nuptial, dit Sidi Khalil, est l'analogue d'un prix de vente » (3); — « quant à la dot, déclare également Mohammed Elbachir Ettouati, les conditions sont les mêmes que pour le prix de vente » (4). — Et si les filles ne sont plus mises à mort, lors de leur naissance, — la naissance d'une fille, sauf en Turquie (5), peut être, est toujours considérée comme un malheur (6). Le musulman ne parle que de ses fils; si on l'interroge sur le nombre de ses enfants, il n'indiquera que celui de ses fils. Et c'est là ce qui, dans une très large mesure, explique les difficultés des recensements en pays musulman, en Algérie, notamment, — les chefs de famille ne comptant jamais que les mâles, dans les dénombrements qu'ils fournissent à l'autorité administrative.

35. — Enfin, si, dans le monde musulman, les idées touchant la constitution de la famille sont restées les mêmes, — la façon de concevoir la vie de la famille et d'envisager les

(1) Alger, 3 juin 1897, *J. Robe*, 1897, p. 241; 22 octobre 1901, (*Rev. Alg.*, 1901. 2. 488).

(2) C'est pour ce motif, sans doute, que la jurisprudence place la constitution de hobous dans le statut successoral; Alger, 29 juin 1897 (*Rev. Alg.*, 1898. 2. 8); Cass., 20 nov. 1900 (*Rev. Alg.*, 1901. 2. 1).

(3) Trad. Perron, t. II, p. 427.

(4) Trad. Abribat, p. 17.

(5) Halil Ganem, *op. cit.*, t. II, p. 5.

(6) Le Bon, *La civilisation des Arabes*, p. 361; — V. cependant, en sens contraire, Villot, *Mœurs, Coutumes et institutions des indigènes de l'Algérie*, p. 39, note 1.

rapports respectifs ses divers membres, ne s'est pas davantage transformée.

La famille ne s'est pas dispersée ; même chez les citadins, elle forme un groupe compact (1). — D'autre part, pasteurs ou cultivateurs, nomades ou sédentaires, vivent, le plus souvent, dans l'indivision. Les Arabes du Haouran, déclare M. Le Bon, « sont groupés par communautés composées de plusieurs générations de parents, sous l'autorité patriarcale d'un chef de famille. C'est là l'organisation primitive de la tribu... La propriété du sol est commune à tous les habitants du village » (2). — Et, à l'autre extrémité du monde musulman, M. Lescure observe, qu'en Tunisie, « la propriété melk est, chez les indigènes, l'objet d'une fréquente indivision » (3) ; — tandis que M. Pouyanne constate que, chez les indigènes algériens de race arabe, ou de race kabyle plus ou moins mélangée de sang arabe, la pratique de l'indivision est assez générale. « Les melks, ajoute l'auteur, sont possédés indivisément par un nombre très variable d'individus, qui ne dépasse pas généralement vingt, mais qui peut aller, dans certains cas, très rares en vérité, jusqu'à trois cents ou quatre cents » (4).

Quant au père, il a conservé, tant sur la personne que sur les biens de ses enfants des pouvoirs extrêmement étendus. — *Sur les biens,* car, il en dispose plus librement que ne pourrait le faire tout autre tuteur ; le père, dit, en effet, Sidi Khalil, « est le tuteur de ses enfants mineurs ou interdits ; il a le droit absolu de vendre leurs biens, même sans donner aucun motif de l'aliénation » (5) ; — et, ce pouvoir, le père le conserve tant qu'il lui plaît, puisque la minorité de l'enfant ne cesse que par l'émancipation et que le père est en principe, seul juge de la question de savoir si et à quel moment l'émancipation peut avoir lieu (6). — *Sur la personne,* car le père possède toujours le droit de *djebr*, le droit de contraindre ses enfants au mariage (7) ; et, d'autre part, il n'a pas cessé de se considérer comme un juge domestique investi du droit de prononcer des peines, possédant même, comme à l'époque préislamique, vis-à-vis de ses

(1) V. *sup.*, n° 28 et suiv.

(2) Le Bon, *op. cit.*, p. 360.

(3) Lescure, *Du double régime foncier de la Tunisie*, p. 15.

(4) Pouyanne, *La propriété foncière en Algérie*, p. 235.

(5) Sidi Khalil, *trad. Seignette*, art. 505.

(6) V. notre étude sur l'*Interdiction en droit musulman*, n° 31 et suiv.

(7) Sidi Khalil, *trad. Perron*, t. 2, p. 326.

enfants, droit de vie et de mort. Assez fréquemment, en Algérie, des poursuites ont été exercées contre des indigènes qui avaient mis à mort leurs enfants pour cause d'offenses graves, ou à raison d'actes portant atteinte à l'honneur de la famille ; — et chaque fois, les magistrats français ont constaté l'étonnement que provoquait, chez ces justiciers, notre intervention ; là, en effet, où nous voyons un abus intolérable des droits du père, ils ne voyaient que l'exercice normal et traditionnel de la puissance paternelle.

36. — Mais, en dépit de la communauté d'existence et d'intérêts, malgré l'esprit d'étroite solidarité qui maintient unis tous les membres de la famille pour la défense des intérêts de chacun, les divers membres de la famille n'en possèdent pas moins, dans leurs rapports respectifs, une très grande indépendance qui ne laisse pas de nous surprendre, nous autres occidentaux, et dont, déjà, nous avons constaté l'existence chez les Arabes de l'époque préislamique.

C'est ainsi que l'individu n'est point enchaîné à la famille (1), il est libre de s'en séparer, comme bon lui semble, et de réclamer la part qui lui revient dans les biens possédés en commun. « Tout copropriétaire, dit Sidi Khalil, peut exiger le partage, si chacun peut être pourvu d'un lot utile. — Tout copropriétaire peut exiger la vente par licitation d'un bien dont il ne pourrait vendre sa part isolément sans dépréciation » (2).

De même, il n'est que les très proches parents qui se doivent des aliments. Chez les Malékites, par exemple, les père et mère doivent pourvoir à l'entretien de leurs enfants ; — de même, les enfants doivent fournir des aliments à leurs père et mère dans le besoin, et aux serviteurs de ces derniers. — Mais ce sont là les seules personnes sur lesquelles pèse la dette alimentaire ; le petit-fils ne peut pas réclamer d'aliments à son aïeul, de même qu'il n'a pas à lui en fournir (3).

Enfin, l'héritier ne répond du paiement des dettes grevant la succession qu'il recueille que, jusqu'à concurrence de l'actif de cette succession ; et, même dans cette limite, il n'est point personnellement responsable du paiement de ces dettes ; il n'est passible de poursuite que sur les biens héré-

(1) Villot, *op. cit.*, p. 255.

(2) Sidi Khalil, *trad. Seignette*, art. 955 et 956.

(3) Sidi Khalil, *trad. Perron*, t. 3, p. 153 et suiv. ; — Sautayra et Cherbonneau, *op. cit.*, p. 206 et suiv. ; — Chez les Hanéfites, toutefois, le nombre de ceux sur qui pèse la dette alimentaire est un peu plus élevé ; V. art. 415 du C. st. pers. Égyptien.

ditaires (1). Il n'est qu'un simple successeur aux biens; la loi musulmane d'admet point cette fiction de la continuation, par l'héritier, de la personne du défunt, que l'on rencontre, cependant, consacrée par la législation de presque tous les peuples chez lesquels la famille se trouve fortement constituée, et maintient, entre ses divers membres, une étroite solidarité.

En cela, la loi musulmane a conservé, selon toute vraisemblance, l'empreinte de cet esprit éminemment personnel et individualiste, dont les législations d'origine sémitique portent la marque (2).

---

(1) Sidi Khalil, *trad. Seignette*, art. 961 et suiv.; — Alger, 11 avril 1900; *J. Robe*, 1900, p. 172.

(2) V. *Sup.*, n° 12.

IV

37. — Ainsi, chez les musulmans, le droit de famille n'a, pour ainsi dire, pas évolué ; il est resté à peu près stationnaire.

Or d'où cela vient-il? — Comment expliquer qu'en pays musulman, ces institutions familiales ne se soient pas, comme partout ailleurs, transformées? — Serait-ce, par exemple, parce que « jusqu'au XIXe siècle, le monde musulman et le monde chrétien ont eu peu de rapports... et qu'en luttes continuelles sur leurs frontières, ils sont restés étrangers l'un à l'autre? » (1). — Non, car si l'évolution d'un peuple est très certainement influencée par les relations qu'il entretien avec ceux qui l'entourent, ce facteur de l'évolution, que l'on appelle, quelquefois, le *facteur périanthropique* (2), n'est pas le seul facteur de l'évolution sociale, — en sorte que son absence constatée ne suffit pas, à elle seule, à expliquer l'absence d'évolution.

38. — Serait-ce, alors, parce que les institutions musulmanes sont fondées sur les prescriptions du Coran, et que le Coran « étant un ensemble de lois religieuses, politiques et civiles intimement liées, la fixité des unes a entraîné l'immuabilité des autres? » (3). — Il nous semble que l'on attribue à cette idée de l'immuabilité de la loi musulmane dérivant de son caractère religieux, une importance singulièrement exagérée.

Certes, les *Ouçoulioun* (4) reconnaissent bien qu'il est, dans la loi musulmane, des dispositions « immuables jusqu'à la consommation des siècles, puisque seul un Prophète nouveau pourrait y porter atteinte, et que de nouveau Prophète, il n'en faut point espérer » (5). Mais ils ne tiennent pour telles, que

(1) Le Chatelier, *op. cit.*, Avant-propos, p. I.

(2) De la Grasserie, Mémoire présenté à la Société de Sociologie de Paris (séance du 9 avril 1902), *Rev. int. de sociologie*, mai 1902, p. 375.

(3) Le Bon, *op. cit.*, p. 355 et 356 ; — Joly, *op. cit.*, p. 28.

(4) Les *Ouçoulioun* sont ceux qui étudient la science des racines, c'est-à-dire la science faisant connaître la méthode suivant laquelle le droit s'élabore, formulant les principes directeurs de ce droit.

(5) Ostrorog, *op. cit.*, Introduction générale, p. 39.

celles de ces dispositions qui ont le caractère d'*énonciations qualificatives*. — Et ils ne rangent dans la catégorie des *énonciations qualificatives* que les dispositions de la loi musulmane qui ordonnent, recommandent ou permettent, défendent ou dénoncent comme à éviter, qui ont, pour employer la langue du droit moderne, un caractère impératif, — et qui, de plus, peuvent être considérées comme la manifestation de la pensée divine (1).

Il est à remarquer, d'ailleurs, que ces *énonciations qualificatives* ne sont obligatoires que si elles peuvent être tenues pour certaines (2). Or, il n'y a de certitude « qu'en ce qui est divin, et humainement qu'en ce qui est évident » (3). D'où deux sortes de certitudes, la *certitude d'origine divine* ou *de solidité* et la *certitude d'évidence* (4).

La *certitude d'origine divine* ou *de solidité* n'appartient qu'aux *énonciations qualificatives* qui figurent dans l'Écriture, ou qui, relatées dans le Recueil des paroles du Prophète, ont été transmises par commune renommée (5). Mais celles de ces énonciations qui n'ont pas été transmises par commune renommée, qui sont de *transmission individuelle*, n'emportent pas la certitude de solidité (6).

D'autre part, les énonciations formulées dans l'Écriture ou transmises par commune renommée et mentionnées dans le Recueil des Paroles du Prophète, ne présentent pas toutes une parfaite clarté. S'il en est dont la signification est évidente, il en est d'autres dont l'interprétation est moins facile, soit qu'il y ait doute sur le sens à donner à un mot déterminé, soit que des difficultés puissent s'élever sur la signification ou la portée de l'énonciation toute entière. De même, certaines énonciations peuvent se trouver en contradiction avec d'autres de catégorie égale (7). — Aussi, les *Ouçoulioun* ont-ils été amenés à répartir les énonciations, suivant leur degré d'évidence, en un certain nombre de catégories. D'après eux, « l'énonciation considérée dans son entier comporte huit catégories, quatre catégories d'évidence et quatre catégories d'obscurité » (8). — Et les énonciations rentrant dans l'uue des quatre catégories d'évidence sont :

---

(1) Ostrorog, *op. cit.*, Introduction générale, p. 9 et 11.

(2, 3, 4) *Eod. loc.*, p. 12.

(5) *Eod. loc.*, p. 13.

(6) *Eod. loc.*, p. 14.

(7) *Eod. loc.*, p. 21.

(8) *Eod. loc.*, p. 20.

L'énonciation *évidente ;* et elle est telle quand les termes seuls qui la composent suffisent pour manifester le sens (1).

L'énonciation *formelle ;* c'est celle à l'évidence du sens de laquelle vient se joindre l'évidence de l'intention dans laquelle elle a été formulée (2).

L'énonciation *précisée ;* elle est ainsi qualifiée quand, aux degrés d'évidence qui précèdent, vient s'adjoindre ce caractère, que l'énonciation se trouve extrinsèquement précisée, de manière à ne plus laisser la place, soit à l'interprétation, soit à la limitation de la compréhension de termes généraux, par l'effet de l'occurence d'une énonciation de sens soit contradictoire, soit limitatif (3).

L'énonciation *catégorique*, qui est celle de nature à écarter, non seulement l'hypothèse d'une modification quelconque, par voie de limitation ou occasion d'interprétation, mais aussi celle de l'abrogation (4).

Or, seules, les énonciations rentrant dans l'une de ces quatres catégories emportent la certitude d'évidence.— Encore est-il bon d'observer que les énonciations des trois premières catégories n'enportent cette certitude que jusqu'à preuve du contraire, « c'est-à-dire jusqu'à ce qu'il soit démontré qu'il ressort, du contenu d'énonciations de catégories égales, qu'elles se trouvent sujettes à limitation, interprétation ou abrogation » (5); — et que la certitude d'évidence ne s'attache, d'une manière absolue, qu'à l'*énonciation catégorique.*

Toujours est-il que les *énonciations de solidité et d'évidence certaines* « obligent à la foi et à l'action », et doivent être tenues, « en conscience, pour une vérité dogmatique, et, en pratique, pour un principe directeur de la conduite » (6), et seules, elles possèdent ce double caractère.— Tandis que les énonciations de solidité certaine, mais d'évidence conjecturale, obligent à l'action, mais non à la foi (7). — Elles obligent à l'action, puisque l'Église se les est appropriées, en les interprétant d'une certaine façon ; — mais non à la foi, puisque « le principe du libre examen est un principe orthodoxe en matière d'énonciations contradictoires » (8); et, comme le libre examen est alors possible, rien ne s'opposerait à ce que

(1 et 2) Ostrorog, *op. cit.*, p. 20 et 21.

(3) *Eod. loc.*, p. 22.

(4) *Eod. loc.*, p. 22 et 23.

(5) *Eod. loc.*

(6) *Eod. loc.*, p. 28.

(7) *Eod. loc.*, p. 29.

(8) *Eod. loc.*, p. 35.

l'Église substituât une nouvelle interprétation à celle précédemment adoptée. — Quant aux énonciations dont la solidité et l'évidence sont conjecturales, elles n'obligent pas plus à l'action qu'à la foi (1).

Dès lors, les *énonciations qualificatives* qui emportent *certitude de solidité et d'évidence,* sont immuables parce qu'elles sont l'œuvre certaine et évidente de la raison divine, que « la simple logique veut que la raison divine puisse seule avoir prise sur la raison divine » (2), et que « seul un Prophète nouveau pourrait y porter atteinte, et que de nouveau Prophète il n'en faut point espérer » (3). — Mais, seules, elles sont immuables, parce que, seules, elles peuvent être considérées comme l'œuvre évidente et certaine de la raison divine.

Voilà ce à quoi se réduit, dans la rigueur des principes, cette prétendue immuabilité de la législation musulmane. Ce ne sont donc point toutes les prescriptions de cette législation qu'il faut tenir pour immuables, mais celles-là seulement qui sont des *énonciations qualificatives* emportant *certitude de solidité et d'évidence.*

39. — Il est bon d'observer, en outre, que, même dans les limites restreintes qui viennent d'être indiquées, nombre de jurisconsultes musulmans n'ont pas accepté, sans protestation, cette idée de l'immuabilité du droit musulman. Certains considèrent que le but de la loi est l'*utilité sociale*, et déclarent que « le principe général, en droit malékite, c'est qu'il faut avoir égard à l'utilité, lorsqu'elle est générale, et qu'elle s'impose » (4). — D'autres admettent que l'*usage*, la *coutume* peuvent créer la loi, et même modifier la loi et la tradition. « Sans doute, il faut s'en tenir à la loi et à la tradition. Mais ce principe ne s'applique que lorsqu'il n'existe point d'exception généralement reçue » (5).

D'autres, encore, ont affirmé que la *nécessité* suffisait pour justifier une dérogation à la loi. « La nécessité, dit Ibn Nadjim, a fait admettre beaucoup de choses qui seraient défendues, si l'on s'en tenait à la rigueur des principes » (6).

Et Mollah Teheragh Ali va jusqu'à dire que « la loi musulmane, le chériat, si on peut l'appeler loi, puisqu'elle ne

(1) Ostrorog, *op. cit.*, p. 35.

(2 et 3) *Eod. loc.*, p. 38 et 39.

(4) Tasouli, II, 188, 189, 190, 195. — Ibd Farhoun, II, 69, 105. — Santillana, *Avant-projet de Code civil et commercial tunisien*, avant-propos, p. V.

(5) Korafi, *ap.* Ibn Fahroun, I, 55; — Santillana, *loc. cit.*, p. VI.

(6) I, 110; — Santillana, *loc. cit.*, p. VII.

contient aucune loi organique, n'est, en aucune manière, incommutable, immodifiable » (1).

Au reste, les *hadiths* ne manquent point, qui permettent de justifier la hardiesse de semblables conceptions. « Si l'univers entier, aurait dit le Prophète, n'était qu'une mare de sang, il serait permis au Croyant de s'en nourrir (2).... Ce que les Musulmans ont trouvé bon, Dieu le trouve bon aussi (3) ... Les lois doivent varier suivant les circonstances. La nécessité rend licite même ce qui est réprouvé » (4).

Et, en fait, en dépit de leur attachement à leur religion et de leur respect pour les enseignements du Prophète, les Musulmans sont souvent restés fidèles, ainsi qu'on l'a vu dans les développements qui précédent (5), à certaines coutumes, à certaines traditions auxquelles ils étaient particulièrement attachés, malgré que celles-ci eûssent été formellement condamnées par le Coran ou la Sonnah.

Il est à remarquer, d'ailleurs, que le Souverain qui veut innover, a toujours la faculté de solliciter du *cheikh el-islam* une *fetoua* certifiant que les décisions arrêtées par lui, l'ont été en conformité de la loi religieuse; et les faits montrent que l'obtention d'une *fetoua* rencontre rarement des difficultés insurmontables (6).

40. — Si donc le droit de famille, en pays musulman, n'a pas évolué avec le temps, ce n'est pas dans le caractère sacré, partant immuable et intangible de la législation, qu'il faut aller chercher la raison d'être de cette absence d'évolution. — La vérité, c'est que les peuples musulmans se sont trouvés, pour la plupart, soustraits aux causes qui, d'ordinaire, provoquent cette évolution et en déterminent les différentes phases.

***

41. — D'où vient, en effet, que, chez presque tous les peuples, l'importance de la famille, comme association poli-

(1) Cahun, *Le monde islamique*, Histoire générale de Lavisse et Rambaud, t. 12, p. 487.

(2) Tasouli, II, 104; — Santillana, *loc. cit.*, p. VII.

(3) Ibn Nadjim, I, 126; — Santillana, *loc. cit.*, p. VI.

(4) Mohammed ben Rahal, *Ques. dipl. et col.*, 1er nov. 1901, p. 543.

(5) V. *sup.*, nos 22 et 33.

(6) Van den Berg, *Principes du droit musulman selon les rites d'Abou Hanîfâh et de Chafi'i*, p. 8, note 1; Cahun, *loc. cit.*, p. 531 et 532.

tique, aille sans cesse en s'effaçant (1), si bien qu'il arrive un moment où l'État, ignorant la famille, ne connaît plus que les individus et traite directement avec eux? — Le point de départ de cette transformation est dans la guerre et dans la conquête. Celles-ci aboutissent à l'incorporation d'éléments étrangers, à l'annexion de populations qui ne peuvent exciper, à l'encontre du vainqueur, d'une communauté d'origine. Aussi, aux époques primitives de l'histoire, la communauté de sang étant la seule base possible d'une communauté de fonctions politiques, ces populations soumises sont, tout d'abord, maintenues en état de vassalité. Mais, la dureté du vainqueur « à maintenir le principe central du système, sans lequel on ne pouvait obtenir les droits politiques autrement que par une parenté réelle ou artificielle, enseigna aux inférieurs un autre principe qui se montra doué d'une vitalité supérieure. Ce fut le principe de l'habitation du même territoire, aujourd'hui reconnu partout comme la condition de la communauté de droits politiques » (2). On admit ainsi qu'une famille pouvait appartenir à un groupement politique, et y jouir de prérogatives identiques à celles des autres familles de ce groupement, sans être, avec celles-ci, cependant, en communauté d'origine. Et le jour où cette conception fut acceptée, on se trouva bien près d'admettre qu'un individu peut se rattacher politiquement à un groupe, sans appartenir à une famille déterminée de ce groupe, et que l'exercice des droits et fonctions politiques est une prérogative de l'individu, abstraction faite du point de savoir de quelle famille il est issu.

En outre, les guerres incessantes qui occupent l'enfance de tous les peuples, ont généralement pour conséquence l'établissement de la monarchie absolue. « Dans les expéditions guerrières, dit Letourneux, la vigueur, le courage, la chance mettent en relief tel ou tel individu, auquel on doit ou auquel on attribue la victoire. Dorénavant on le choisira pour chef dans les futures campagnes; on s'accoutumera à lui obéir. Mais, comme les guerres sont très fréquentes, la primitive égalité ne tardera pas à s'évanouir; on s'habituera à reconnaître l'autorité du conducteur militaire, même dans les intervalles de paix, à lui concéder certains droits exceptionnels. Ce privilégié accaparera la plus grosse part du butin, aura plus de femmes, plus d'esclaves, quand on jugera à propos d'en faire, et, plus tard, quand la famille, surtout la famille paternelle, se sera dégagée de la confuse parenté du

(1) Kœnigswarter, *op. cit.*, p. 327,

(2) Sumner-Maine, *op. cit.*, p. 126.

clan, le pouvoir du chef tendra à devenir héréditaire comme ses biens » (1). Et, ainsi, une famille unique arrive à dominer toutes les autres; et, pour assurer sa domination et s'emparer de la direction exclusive de la société, elle s'efforce d'exproprier les autres familles de leurs prérogatives politiques, de supprimer, entre elle et l'individu, l'intermédiaire de la famille. Et, ainsi, se trouve consommée la ruine politique de celle-ci.

42. — Or, l'on a pu écrire que le principe des institutions politiques des Arabes, c'était « l'égalité complète de tous sous un seul maître » (2), que « les Arabes n'ont jamais connu de régime féodal, d'aristocratie, ni de fonctions héréditaires » (3), que « leur régime politique était, en réalité, un régime démocratique sous un maître absolu » (4), que le principe fondamental de l'islam, c'était « la concentration de tous les pouvoirs entre les mains d'un chef suprême et absolu, représentant unique de la divinité sur la terre » (5), et que les institutions politiques des musulmans « se sont toujours présentées sous la forme d'une monarchie militaire et religieuse absolue » (6), — il n'en est pas moins vrai que, sauf peut-être en Turquie et en Perse, l'on ne rencontre guère, en pays musulmans, cette prétendue centralisation, concentration de tous les pouvoirs en la main du souverain, auquel appartiendrait une autorité absolue; et il s'en faut de beaucoup, la plupart du temps, que ce souverain soit en mesure de faire respecter son autorité et d'assurer l'exécution de ses ordres sur toute l'étendue du territoire auquel il commande. C'est, qu'en effet, la population des divers États musulmans renferme, assez généralement, une très forte proportion de nomades, que leur genre de vie rend, en quelque sorte, insaisissables, et auxquels le Souverain ne peut guère demander que la reconnaissance de sa suzeraineté et le paiement d'un tribut. Souvent ce tribut n'est payé que très irrégulièrement, et quelquefois, même, il faut entreprendre de véritables expéditions pour en opérer le recouvrement (7). Aussi ces nomades ont-ils continué à vivre en dehors, en quelque sorte, des États centralisés dans lesquels ils étaient comme fictivement englobés, si bien que la constitution de ces États n'a nullement modifié les conditions de leur existence, et qu'il est vrai de dire que les siècles et même l'Islamisme ont glissé sur ces nomades, « sans

(1) Letourneux, *op. cit.*, p. 528 et 529.

(2, 3, 4, 5, 6) Le Bon, *op. cit*, p. 415 et suiv.

(7) Frisch. *Le Maroc*, p. 66 et 67.

modifier sensiblement leurs mœurs, ni même leur organisation sociale et politique » (1).

D'ailleurs, les conquérants de l'Islam, ont toujours paru plutôt préoccupés d'étendre leurs conquêtes que de procéder à l'organisation des territoires soumis, d'agrandir le domaine de la Communauté musulmane que d'en tirer parti. Que le peuple vaincu reconnût la suzeraineté de l'Islam et payât tribut, le vainqueur, semble-t-il, ne lui en demandait pas davantage (2). Et c'est là ce qui, dans une très large mesure, explique que le triomphe de l'islamisme soit resté sans influence, pour ainsi dire, sur la condition politique des populations, même sédentaires, de l'Afrique du nord.

« Les milices arabes du VIIe siècle, ces troupes hardies que les Califes ont envoyé à travers « *l'Afrique perfide* » jusqu'au bord de l'Atlantique, sous la conduite de Sidi Oqbah et de ses successeurs, ont étonné le monde par leurs marches rapides et leurs foudroyantes victoires, puis ont été peu à peu refoulées, bloquées dans l'Africa, et expulsées, ne laissant derrière elles que le nom d'Allah et de son Prophète » (3). — Quant aux envahisseurs du XIe siècle, les Hilal et les Soléim, ils n'ont laissé d'autre souvenir, dans les steppes de l'Afrique septentrionale, que celui de leurs dévastations et de leurs rapines (4). — Enfin, sauf à Tunis où, à partir de 1705, les beys réussirent à se rendre indépendants des deys, fondèrent une monarchie héréditaire et se sont efforcés de rendre leur autorité effective (5), — les Turcs n'ont pas cherché à « prendre racine dans le pays » (6). Il n'était, pour eux que deux choses qui eussent de l'importance : la prestation de l'hommage et le paiement du tribut (7). Ils se réservaient certaines charges, certaines fonctions, celles qui les mettaient à même de maintenir leur autorité sur le pays et d'assurer la perception de l'impôt, et se désintéressaient complètement de l'administration locale.

Les populations berbères du nord de l'Afrique ont ainsi échappé aux conséquences qu'ont d'ordinaire, pour les

---

(1) Letourneux, *op. cit.*, p. 266.

(2) « La puissance et les succès prodigieux d'Omar s'expliquent par ce fait qu'il laissa à chaque pays son administration particulière... » Van Berchem, *Étude sur l'impôt du Kharâg*, p. 22.

(3) Masqueray, *op. cit.*, p. 12.

(4) *Eod. loc.* ; — Doutté, *L'Islam algérien en 1900*, p. 36.

(5) Mercier, *op cit.*, t. 3, p. 541.

(6) *Eod. loc.*, p. 542.

(7) De Grammont, *op. cit.*, p. 413.

vaincus, la conquête et l'annexion; elles n'ont point été asservies, elles n'ont pas eu à obéir à la volonté absolue et despotique du vainqueur. Elles ont pu conserver leur ancienne organisation. — Or, dans cette ancienne organisation, le rôle de la famille était considérable, malgré que cette organisation fût démocratique. Si, en effet, les Berbères ont la passion de l'égalité et de l'indépendance, s'ils admettent tout individu majeur à participer à la direction politique de la Communauté, s'il existe chez eux des *çofs*, c'est-à-dire des associations d'assistance mutuelle dans la défense et dans l'attaque, pour toutes les éventualités de la vie, basées uniquement sur une communauté d'intérêts et non pas sur une communauté d'origine familiale (1), — il n'en est pas moins vrai que chez les Kabyles, par exemple, le village est « la pierre angulaire » de la société, que ce village se subdivise en *Kharoubas*, que chaque *Kharouba* se compose d'un certain nombre de familles, généralement de même origine et unies par le lien de la parenté, et que souvent la *Kharouba* est formée exclusivement des membres d'une même famille (2). Aussi MM. Hanoteau et Letourneux déclarent-ils que « la substitution du pouvoir de la famille à l'individualisme, tel que l'admettent nos sociétés modernes, imprime à la démocratie kabyle une physionomie toute particulière; elle lui donne un caractère semi-patriarcal, que nous ne sommes pas habitués à rencontrer chez les peuples dont la constitution politique est basée sur la souveraineté populaire » (3).

En outre, les Berbères ont toujours eu « du goût pour le culte de l'homme » (4); le culte des saints existe en Berbérie, à l'aurore de l'histoire (5). Et, comme « c'est un fait bien commun que les peuples ne changent pas brusquement de religion..., que lorsqu'un réformateur se lève, qui leur apporte un nouveau credo, ils adaptent seulement de leur mieux leurs anciens cultes à cette nouvelle croyance » (6), le culte des saints n'a pas cessé de se développer dans la Berbérie islamisée, et s'y est manifesté sous la forme du maraboutisme. Il a abouti, en somme, à la constitution de familles maraboutiques, c'est-à-dire à la formation d'une aristocratie religieuse.

---

(1) Hanoteau et Letourneux, *op. cit.*, t. 2, p. 3, 20 et 21.

(2) *Eod. loc.*, p. 6.

(3) *Eod. loc.*, p. 7.

(4) Doutté, *op. cit.*, p. 38.

(5) Doutté, *Les Marabouts*, p. 14.

(6) Doutté, *l'Islam algérien en 1900*, p. 39.

Les institutions berbères ne se sont, il est vrai, maintenues dans toute leur pureté, que dans les massifs montagneux de la grande et de la petite Kabylie. Partout ailleurs, au contraire les Berbères ont été plus ou moins arabisés par l'invasion du XIe siècle, puis islamisés définitivement, au XVIe, par des marabouts venus du sud marocain (1), enfin placés sous la suzeraineté des Ottomans. — Mais, si l'on songe que les tribus Hilaliennes, qui ont envahi le Moghreb, étaient composées de bédouins (2) qui n'avaient pas de la famille, une conception très différente de celles qu'en avaient les Berbères, — que le triomphe de l'islamisme n'avait pu, même en Arabie, consommer la ruine politique de la famille, — et qu'enfin, les Turcs ne se sont guère immiscés dans l'administration locale des territoires, même effectivement soumis à leur autorité, qu'ils ont même favorisé le développement du maraboutisme afin d'utiliser l'influence politique des familles de marabouts (3), on s'explique très bien que les bouleversements qui, depuis le VIIe siècle, se sont produits dans le nord de l'Afrique, n'aient pas été de nature à déterminer, chez les populations qui l'habitaient, des modifications notables dans le rôle politique de la famille.

***

43. — D'autre part, en même temps que, d'ordinaire, le rôle politique de la famille diminue, son importance sociale s'amoindrit. A mesure, en effet, que s'affermit l'autorité du gouvernement central, que s'étendent ses pouvoirs et ses attributions, — à mesure que les mœurs s'adoucissent et que disparaît progressivement la pratique des guerres privées, en même temps que s'organisent des juridictions destinées à résoudre pacifiquement les conflits, — l'existence devient plus facile et plus sûre ; aussi la vie devient-elle plus sédentaire ; la famille se disperse, ses divers membres n'éprouvant plus, au même degré, le besoin de vivre groupés de façon à être toujours en mesure de se prêter main-forte, et trouvant auprès du pouvoir central, la protection que, jusqu'alors, la famille avait été seule à leur fournir (4). — Les progrès réali-

(1) Doutté, *L'Islam algérien*, p. 37.

(2) *Eod. loc.*, p. 36.

(3) De Grammont, *op. cit.* p. 413.

(4) Le Bon, *op. cit*, p. 364 ; Gr. Encyclopédie, v° *Famille*, p. 1179, col. 1.

sés dans l'art de la culture tendent également à rendre l'existence plus sédentaire; car l'on arrive à vivre d'une façon permanente dans des régions où, jusqu'alors, l'on n'avait pu subsister qu'un certain temps. — Puis, le progrès économique s'accentue; les besoins s'accroissent; les professions se spécialisent; les transactions se multiplient. Des relations nouvelles s'établissent entre individus de familles différentes, qui ne provoquent plus l'intervention ou l'assistance de celles-ci. Et de ces relations naissent des intérêts économiques collectifs, qui provoquent la formation d'associations, de groupements entre individus n'appartenant pas à la même famille, — intérêts économiques collectifs, qui ne sont plus des intérêts familiaux, et dont l'importance grandit, à mesure que celle de ceux-ci diminue.

Or, ainsi qu'il a été dit déjà, les pays musulmans renferment une très forte proportion de nomades. Tantôt ce sont des indépendants qui ont fui devant l'envahisseur, et qui ont préféré se condamner à leur existence aventureuse, plutôt que de subir la domination du vainqueur (1). — Tantôt, aussi, ce sont des amoureux de grand air et d'espace, pour qui les attraits et les charmes de la vie nomade l'emportent sur la monotonie de l'existence sédentaire, et qui, sans nécessité apparente, abandonnent celle-ci (2). — Le plus souvent ce sont les habitants de régions arides, infertiles, que l'économie des consommations en commun oblige à vivre groupés et qui, pour pouvoir trouver leur subsistance, sont obligés à des déplacements continuels. — Toujours est-il que, pour ces nomades, les conditions de l'existence ne se sont nullement modifiées (3); elles sont, aujourd'hui, ce qu'elles étaient, il y a des siècles; si bien que ces populations nomades se sont trouvées soustraites à l'action des causes qui, d'ordinaire, provoquent la désagrégation de la famille et tendent à substituer aux relations entre familles, — qui, à un certain moment, constituent la règle, — des relations purement individuelles. Et l'on comprend ainsi que leur organisation sociale ne se soit pas transformée.

Quant aux sédentaires et aux habitants des villes, souvent, eux aussi, bien que dans une beaucoup moins large mesure, ils ont échappé à l'action de ces facteurs de la désagrégation

---

(1) La Tunisie, *Histoire et Description*, t. 1, p. 324.

(2) Chobaut, *Voyage chez les Beni-Mzab*, p. 30; — Fabre, *Monographie de la commune indigène de Tiaret-Aflou*, Bul. de la Soc. de Géog. et d'Arch. de la province d'Oran; juillet-septembre 1902, p. 268.

(3) Le Bon, *op. cit.*, p. 357 et 401.

et de la dispersion de la famille. Il se peut, en effet, qu'en pays musulman, le Souverain soit, théoriquement, un chef absolu et suprême, concentrant entre ses mains tous les pouvoirs ; en fait, la plupart du temps, son autorité ne s'exerce point effectivement sur toute l'étendue du territoire auquel, nominalement, il commande ; et, d'ailleurs, même là où cette autorité s'exerce, elle ne se manifeste guère que par la perception de l'impôt. C'est ainsi, qu'au Maroc, la moitié Est de l'Empire est insoumise (1), et que si la moitié Ouest jusqu'à l'Atlas, paie généralement l'impôt, ce n'est guère que par les exigences fiscales du gouvernement du Sultan, que cette partie de l'Empire se rend compte de l'existence de ce dernier. Aussi, « les Marocains n'ont pas l'air de se douter qu'ils appartiennent à un empire du Maroc et n'ont pas de nom pour désigner leur nation » (2). — De même, en Algérie avant la conquête française, le pouvoir des Turcs « se bornait à l'hommage et à la perception de l'impôt » (3). — Dès lors, le pouvoir central ne pouvant ou ne voulant, en ces pays, assurer protection et sécurité aux individus, ceux-ci ont continué à réclamer de la famille l'aide et l'assistance dont ils avaient besoin.

Et c'est là ce qui explique que, même dans les villes, les divers membres de la famille soient restés groupés, chaque famille occupant un quartier de la ville, ou simplement une rue déterminée de ce quartier (4).

Enfin, si l'on songe que, souvent, les professions sont héréditaires, — que les divers métiers se transmettent, de père en fils, dans la même famille, — que les individus d'une profession déterminée ont généralement une origine commune et sont tous plus au moins parents les uns des autres (5), et que, dès lors, les associations corporatives sont encore des groupements familiaux, — on ne s'étonne plus que, dans nombre de pays musulmans, la famille ait conservé une telle importance sociale, et que les jurisconsultes musulmans aient admis l'intervention de la famille en des matières où, d'ordinaire, aux rapports entre familles des rapports individuels se sont substitués.

(1 et 2) Erckmann, *op. cit.*, p. 11.
(3) De Grammont, *op. cit.*, p. 413.
(4) V. sup. n°s 29 et suiv.
(5) *Eod. loc.*

***

44. — Ce n'est pas, d'ailleurs, seulement le rôle politique de la famille, ou son importance sociale qui, avec le temps, se modifient ; — c'est aussi sa constitution, son organisation interne. Tout d'abord, il n'est de parenté que par les femmes, — puis, il n'est plus de parenté que par les mâles ; — enfin, un moment arrive où la parenté par les femmes compte autant que la parenté par les mâles, et où les femmes se voient reconnaître, dans la famille, des droits égaux à ceux des mâles.

Il est, pour nous, sans intérêt de savoir comment et pour quelles causes le régime du patriarchat s'est substitué au régime du matriarchat ; il importe uniquement, en effet, de mettre en lumière les raisons qui expliquent l'abandon du régime du patriarchat, puisque la question que nous avons à résoudre est celle de savoir pourquoi les peuples musulmans s'en sont tenus à ce régime, et pourquoi, à l'heure actuelle encore, ils considèrent que la véritable famille, c'est l'ensemble des mâles parents par les mâles.

Or, l'institution du patriarchat se conçoit à merveille chez les peuples qui vivent dans un état continuel de guerre et de représailles, car elle donne à la famille une organisation quasi-militaire (1) et lui assure, ainsi, son maximum de force et de puissance ; — et l'on a pu dire que, dans la famille basée sur le patriarchat, la loi de la parenté est, en réalité, une loi de guerre (2). — Mais à mesure que les mœurs s'améliorent et s'adoucissent, que les guerres privées deviennent moins fréquentes, que le pouvoir central devient plus fort, se trouve en mesure de faire accepter son arbitrage, et que l'on s'accoutume à donner aux conflits un dénouement pacifique, — il semble moins nécessaire d'assurer la prépondérance des mâles dans la famille ; la condition de la femme s'améliore; et il arrive un moment où, dans l'un des actes les plus importants de la vie, le mariage, la femme est tenue pour l'égale de l'homme. Chez les nations chrétiennes, du reste, l'Église a puissamment contribué à la réalisation de cette évolution. « L'Église, dit, en effet, M. Esmein, a introduit dans le droit du mariage une nouveauté féconde ; elle a proclamé, en principe, l'égalité de l'homme et de la femme... De

(1) Marçais, *op. cit.*, p. 40.

(2) *Eod loc.*, p. 7 et 9.

nos jours, l'Église s'enorgueillit, et à juste titre, d'avoir la première enseigné cette vérité » (1).

Mais le jour où l'on eut admis l'égalité, dans le mariage, de l'homme et de la femme, l'on fut tout naturellement amené à considérer ce mariage comme une association entre les époux, au triple point de vue des personnes, des intérêts, des enfants (2) ; — association dirigée par le mari, parce qu'à toute association il faut un chef, et que le mari se trouvait tout désigné pour être ce chef (3) ; — mais dans laquelle les associés sont placés sur un pied d'égalité, dans laquelle il existe entre ces associés réciprocité de droits et de devoirs, dans laquelle il y a « égalité de fond entre ces deux créatures de même origine unies dans le mariage » (4).

Or, s'il y a égalité entre l'homme et la femme, il ne saurait y avoir d'inégalités, entre les divers membres de la famille, à raison de leur sexe.

D'autre part, si les époux se trouvent associés par le fait du mariage, non seulement au point de vue des personnes et des intérêts, mais aussi des enfants, si le mariage emporte communauté des enfants (5), ceux-ci appartiennent à la mère aussi bien qu'au père, et doivent, dès lors, être rattachés à la famille de la mère, comme il le sont à celle du père. La parenté maternelle doit compter autant que la parenté paternelle (6).

45. — Ainsi, si, chez les peuples modernes, des modifications ont été apportées aux règles concernant la constitution de la famille, — si, aujourd'hui, les femmes ont, dans la famille, des droits égaux à ceux des mâles, — et si, les parents par les femmes ont cessé d'en être exclus, — c'est que des conceptions nouvelles ont prévalu, touchant la condition de la femme et relativement à la nature juridique du mariage.

Or, les musulmans sont restés foncièrement attachés à la vieille idée de l'inégalité des sexes, ainsi qu'à leur conception grossière du mariage, puisqu'ils s'efforcent, on l'a vu plus haut (7), d'enlever aux femmes le bénéfice de la vocation héréditaire que leur a reconnu le Coran, et continuent à voir, dans le mariage, l'achat de la femme par le mari. — On s'ex-

---

(1) Esmein, *Le Mariage en droit canonique*, t. 1, p. 91.

(2 et 3) Lefèvre, *op. cit.*, p. 25 et suiv.

(4) *Eod. loc.*, p. 28.

(5) *Eod. loc*, p. 31.

(6) *Eod. loc.*, p. 41.

(7) V. *sup.* nos 33 et 34.

plique, dès lors, très aisément pourquoi le droit de famille n'a, pour ainsi dire, pas évolué chez eux.

Mais pour quelles raisons, sur ces divers points, les idées du monde musulman ne se sont-elles pas modifiées ? — Est-ce, ainsi qu'on l'a prétendu, parce que l'évolution du mariage s'est trouvée enrayée par les recommandations du Coran (1) ? — Très certainement non. Nous avons vu, en effet, ce qu'il fallait penser de cette prétendue immobilité de la loi musulmane et constaté qu'elle n'existait, à proprement parler, qu'en théorie (2). — Il est bon d'observer, d'ailleurs, que la législation coranique a singulièrement amélioré la condition de la femme, et qu'en allant plus loin dans cette voie, les Docteurs musulmans n'auraient fait que se conformer à l'esprit de cette législation. — Il importe de remarquer, enfin, que les Musulmans ont été si peu guidés, en la circonstance, par le désir de ne point enfreindre les prescriptions du Coran, qu'ils n'ont pas hésité à s'en écarter, — nous le constations une fois de plus, tout à l'heure, — justement pour amoindrir l'importance des réformes réalisées par le Prophète dans l'intérêt de la femme.

En réalité, si les Musulmans se sont toujours efforcés de maintenir la suprématie des mâles dans la famille, et si la répugnance qu'ils ont manifestée, dès le début, à l'égard des innovations tentées par le Prophète en vue de rehausser la condition de la femme, est restée aussi vive, — c'est que, n'ayant cessé, pendant des siècles, de vivre dans un état de guerre permanent, ils ont constamment senti la nécessité de maintenir, à la famille, cette forte organisation quasi-militaire que lui avait donnée la coutume préislamique. Aussi, ne voyant dans la femme qu'une source d'embarras et de faiblesse pour la famille, ils ne pouvaient avoir que de la défiance et de l'hostilité pour toute mesure destinée à accroître l'influence et les droits de la femme au détriment des mâles.

Et, si les Musulmans ont persisté à voir, dans le mariage, la vente de la femme au mari, c'est qu'une conception plus élevée du mariage se fût trouvée inconciliable avec la pratique de la polygamie et en eut emporté condamnation. — Le régime de la polygamie est exclusif, en effet, de toute idée d'association entre les conjoints ; car, l'on ne conçoit guère que le mari puisse vivre en communauté avec plusieurs épouses sans que toutes soient en communauté les unes avec les autres, —

---

(1) Gr. Encyclopédie, v° *Famille*, p. 1166, col. 2.

(2) V. *Sup*, n° 38.

et que l'on ne conçoit pas davantage que le mari vivant en communauté avec une femme, puisse obliger celle-ci à vivre en communauté avec toutes celles que, par la suite, il lui plaira d'épouser. — Or, les Musulmans ont été et sont restés foncièrement polygames.

Ce n'est pas que tout musulman ait plusieurs épouses. En pays musulman, comme partout ailleurs, en effet, la polygamie n'est pratiquée que par une minorité (1). Pour ce qui est de l'Algérie, par exemple, sur 34,863 mariages musulmans conclus en l'année 1900, 3,546 seulement, l'ont été par des indigènes ayant déjà une femme, — 883 par des indigènes en ayant deux, — et 276 par des indigènes en ayant trois (2). — Il arrive quelquefois, d'autre part, que la femme ne donne son consentement au mariage que sous la condition que, tant que ce mariage subsistera, le mari ne prendra pas d'autre épouse (3). — L'on peut dire cependant, que, d'une manière générale, tout musulman, en situation d'avoir plusieurs femmes, est polygame.

Or, on a beaucoup disserté sur les origines et les causes de la polygamie. Certains l'ont expliquée par l'idée d'une disproportion entre les sexes, par l'existence d'une minorité de mâles. — D'autres y ont vu un moyen d'assurer la pureté des mœurs dans des pays où les ardeurs du climat rendent la monogamie impossible. — D'autres, encore, ont soutenu que la polygamie était destinée, chez les peuples belliqueux, à conjurer l'extinction des familles décimées par la guerre, et à fournir « une abondante genèse, que la monogamie eut été impuissante à donner » (4). — D'autres, enfin, ont considéré que, en épousant plusieurs femmes, l'homme n'avait d'autre but que « d'avoir le plus possible d'auxiliaires, d'ouvrières à ses ordres » (5). — Mais, s'agissant des peuples musulmans, tout au moins, ces diverses explications ne sont pas toutes également concluantes, et, seules, les deux dernières méritent d'être retenues ; car, seules, elles sont de nature à justifier la survivance de la polygamie chez les Mahométans.

Il n'est nullement établi, en effet, ainsi que le constatait déjà Niebuhr, que dans les pays musulmans, les mâles soient

(1) Westermarck. *Origine du mariage dans l'espèce humaine*, trad. de Varigny, p. 415 et 416.

(2) Statistique générale de l'Algérie.

(3) Tunis, 16 juillet 1894 (*Rev. Alg.*, 1894. 2. 473).

(4) Joly, *op. cit.*, p. 14.

(5) Gr. Encyclopédie, v° *Famille*, p. 1165, col. 1.

en minorité (1). — D'autre part, les adeptes de l'Islam ne sont point tous fixés dans des régions tropicales, dans des pays où la chasteté est contre nature et la monogamie impossible (2).

Mais il n'est pas douteux que, pour les Musulmans, la procréation abondante est un devoir, et que la polygamie facilite les moyens de le remplir. « Mariez-vous à l'envi, a dit, en effet, le Prophète, procréez continûment. Au jour du jugement dernier, mon éclat sera d'autant plus grand au milieu des autres nations que vous aurez eu plus de fécondité » (3). Et, tout naturellement, les disciples du Prophète ont vu dans la polygamie, un moyen d'accroître cette fécondité, et, par là même, d'augmenter leur puissance et d'assurer la suprématie de l'Islam. — Il est à remarquer, en outre, que les Musulmans ne paraissent point avoir du louage de services, la conception que nous nous en faisons. Le travailleur libre n'est pas, pour eux, un salarié, mais un associé. Quant aux services que nous avons coutume de réclamer du serviteur à gages, du domestique, ils ne conçoivent guère qu'on puisse les demander à d'autres qu'à des femmes ou à des esclaves (4). Aussi trouvent-ils, dans la polygamie, un moyen de se procurer les servantes qui leur font défaut (5).

Or, si telles sont les considérations qui expliquent la pratique de la polygamie, chez les Musulmans, ces considérations, la dernière principalement, n'ont rien perdu de leur actualité. Aujourd'hui, encore, en terre d'Islam, l'on n'envisage la coopération du capital et du travail libre que sous la forme de l'association (6). « En entrant dans la communauté, dit notamment Le Play, le domestique devient, par là même, l'associé de la famille » (7). — En dehors de là, c'est l'esclavage qui fournit la solution au problème de la main-d'œuvre.

---

(1) Niebuhr, *Description de l'Arabie*, nouv. édit., 1779, t. I, p. 101 et suiv. — Gr. Encyclopie, v° *Famille*, p. 1164, col. 2.

(2) Mohammed ben Rahal, *Quest. dipl. et col.*, 1er novembre 1901, p. 540.

(3) Hadith relaté par Kamal, *op. cit.*, p. 12.

(4) La Beaume, *Le Koran analysé*, p. 621, note 1.

(5) C'est ainsi qu'au Maroc, « la polygamie est la règle commune. Un chef berbère nous expliquait qu'une seule femme ne saurait suffire au triple rôle d'épouse, de mère et de servante, sous le toit du sédentaire et moins encore sous la tente du nomade » (de Segonzac, *Voyages au Maroc*, p. 32).

(6) Mohammed ben Rahal, *loc. cit.*, p. 541.

(7) Le Play, *Les ouvriers d'Orient*, p. 376.

— Et, comme les États mahométans indépendants rencontrent des difficultés de plus en plus grandes pour s'approvisionner d'esclaves, et comme l'esclavage a complètement disparu dans les régions effectivement soumises à une puissance civilisée, les Musulmans cherchent, aujourd'hui, dans la pratique de la polygamie, les servantes que l'esclavage a cessé de leur fournir. « Les Arabes, dit Berbrugger, prennent plusieurs femmes, non par sensualité, mais par nécessité » (1). — Westermarck constate que, dans l'orient mahométan, c'est souvent la femme elle-même qui, dans le but d'alléger le fardeau de son labeur, invite le mari à prendre une autre épouse (2). — Et M. Mercier remarque qu'en Algérie, la femme est moins écrasée de besogne qu'elle ne l'était avant l'occupation française, qu'elle n'a plus notamment à moudre le grain ou à aller puiser de l'eau à la fontaine, les Bédouins ayant pris l'habitude de faire moudre leur blé au moulin, et de porter l'eau dans des tonnelets, à dos d'âne, si bien que les travaux domestiques exigeant un personnel de femmes moins nombreux, il en est résulté une diminution de la polygamie (3).

En sorte, qu'à l'heure actuelle, la polygamie répond encore, dans les pays musulmans, à divers besoins d'ordre politique ou économique. Aussi ne faut-il point s'étonner que leurs habitants s'en soient tenus à leur antique conception du mariage et de la famille.

---

(1) *La Polygamie musulmane*, Rev. Afr., avril 1859, p. 254.

(2) Westermarck, *op. cit.*, p. 466.

(3) Mercier, *loc. cit.*, p. 126.

46. — Et, cependant, au cours du XIXe siècle, des modifications notables se sont produites dans la situation politique ou économique des peuples musulmans. Certains d'entre eux sont, aujourd'hui, placés dans la dépendance de puissances chrétiennes et gouvernés par elles. Les autres ont, il est vrai, conservé une indépendance plus ou moins complète, mais ont cessé de vivre dans leur isolement farouche ; ils entretiennent, avec les divers États du monde civilisé, des relations pacifiques permanentes, s'ouvrent à leur commerce, autorisent les étrangers à fonder des entreprises commerciales et industrielles et leur permettent d'acquérir des terres, tolèrent l'établissement, sur leur territoire, d'ordres religieux chrétiens. — Dès lors, les peuples musulmans n'échappent plus, à l'heure actuelle, à l'action de ces causes diverses, qui sont les facteurs de l'évolution sociale ; — et la simple constatation de ce fait donne, semble-t-il, le droit d'affirmer que ces peuples vont sortir de leur immobilité, qu'ils vont évoluer à leur tour. — Or, cette affirmation se trouve confirmée par l'étude des événements contemporains

Chez les peuples mahométans, en effet, de nouvelles tendances se manifestent. « Mis en présence de peuples doués d'une forte organisation sociale, le monde musulman sent vaguement le besoin de sortir de l'anarchie religieuse et politique devenue son lot depuis des siècles » (1). Il comprend la nécessité de réaliser des réformes. Mis en contact avec la civilisation européenne, « comme autrefois, en Asie, au contact des civilisations orientales, il a subi de ce fait, dans les contrées où la nouvelle influence est devenue prédominante, une transformation complète. Il est devenu l'Islam morderne, libéral. Ailleurs, la réaction a donné naissance à une réforme rétrograde. — Dans les deux cas, l'évolution contemporaine de l'Europe a introduit dans celle de l'Islam un facteur commun, le développement de l'esprit de nationalité » (2).

47. — Mais, nous n'avons pas à dire, ici, comment ont pris naissance et se sont développées ces tendances contraires, — comment, en certains pays musulmans, s'est constitué un

(1) Le Chatelier, *L'Islam au XIXe siècle*, p. 22.
(2) *Eod. loc.*, p. 185 et 186.

parti qui, croyant l'Islamisme susceptible de s'adapter aux circonstances de race, de temps et de milieu, s'efforce de l'accommoder aux progrès de la civilisation européenne, — comment, au contraire, en certains autres, l'on songe à purifier l'Islam et à reconstituer la théocratie islamique du premier siècle de l'Hégire, — comment, enfin, en tous, s'est éveillé le sentiment de la nationalité. — C'est là, d'ailleurs, un sujet qui a été remarquablement traité par M. Le Chatelier, dans son ouvrage *L'Islam au XIX*e *siècle*, et par M. Cahun, dans son étude sur *Le Monde islamique*, insérée dans *L'Histoire générale du IV*e *siècle à nos jours*, publiée par MM. Lavisse et Rambaud (1).

Il ne nous appartient pas, non plus, de montrer comment les peuples musulmans, menacés par les progrès incessants des puissances chrétiennes, ont été amenés à comprendre « qu'il serait pratiquement efficace de faire prendre conscience à tous les musulmans de leur communauté d'intérêts » (2), si bien, qu'aujourd'hui, un peu partout, les musulmans commencent « à se tendre les bras pour une fraternisation plus intime » (3). — Nous n'avons pas, en d'autres termes, à indiquer comment est né le mouvement panislamique, ni comment ce mouvement a été exploité par la Porte, ni quel est son avenir. — Une enquête a été ouverte sur ce point par M. Edmond Fazy, à qui elle a valu des communications fort intéressantes, qui ont été publiées dans les *Questions diplomatiques et coloniales* (4), et auxquelles il suffit que nous renvoyions le lecteur.

Nous n'avons à étudier, ici, les conséquences des modifications subies par le milieu dans lequel vivent les peuples musulmans, qu'au point de vue de l'influence que ces modifications ont exercée ou pourront exercer sur la conception qu'ont eue, jusqu'ici, les Musulmans, de la famille, de son rôle politique, de son importance sociale, de son organisation.

48. — Or, cette influence ne saurait être, bien évidemment, la même partout. Car l'action de la civilisation européenne ne s'est pas manifestée partout avec la même intensité, — de

(1) T. XI, p. 527 et suiv.

(2 et 3) Vambéry. *Quest. dipl. et col.*, 1er août 1901, p. 148 et 149.

(4) Numéros des 15 mai, 15 juillet, 1er août, 1er octobre et 1er novembre 1901 ; — V. en outre, Arnaud, *Le Panislamisme et la France*, Revue Franco-Musulmane et Saharianne, septembre 1902, p. 30 et suiv.

même que les populations musulmanes, à raison des différences existant entre elles, au point de vue de la race et du régime économique notamment, n'ont pas opposé partout, à cette action, une résistance identique.

En sorte que, pour donner à la question qui nous occupe, une réponse satisfaisante, il importerait de procéder à toute une série d'enquêtes, lesquelles, étant donné le petit nombre et l'imprécision des renseignements dont nous disposons, ne seraient nullement concluantes.

Aussi nous bornerons-nous à rechercher dans quelle mesure l'établissement de la France en Algérie, a influé sur la situation de la famille musulmane en ce pays.

D'ailleurs, indépendamment de la facilité qu'il peut y avoir à se procurer, relativement aux Musulmans algériens, des documents précis et abondants, il est une autre considération qui nous détermine à limiter ainsi le champ de nos investigations. L'influence de la civilisation chrétienne, en tant que facteur de l'évolution sociale, est évidemment plus grande, ne serait-ce qu'à raison de l'étroitesse du contact, dans les pays musulmans effectivement soumis aux puissances chrétiennes, qu'elle ne peut l'être dans les pays musulmans qui, tout en entretenant, avec ces puissances, des relations constantes, ont conservé leur indépendance. — Or, de tous les pays musulmans gouvernés par une puissance chrétienne, l'Algérie est peut-être celui sur lequel s'est abattue le plus lourdement la main du vainqueur ; car la France ne s'est pas bornée à exiger des vaincus la reconnaissance de sa suzeraineté ; elle a entrepris de les gouverner et s'est efforcée de leur imposer ses institutions.

Progressivement, en effet, l'ancienne aristocratie indigène s'est vue déposséder de ses prérogatives (1), et « le gouvernement direct des agents français a remplacé l'ordre ancien

---

(1) On est généralement d'accord, aujourd'hui, pour reconnaître que la politique suivie par la France a donné, en la circonstance, des résultats déplorables. « Au point de vue politique, l'indigène a perdu la direction que lui assuraient ses chefs de tribus. Il s'en va à la dérive. Les extensions successives du territoire civil ont amené la disparition ou l'effacement des grandes familles, à tel point qu'un gouverneur général, M. Jules Cambon, a pu dire à la tribune du Sénat (séance du 18 juin 1894) que *nous n'avons plus, en face de nous, qu'une sorte de poussière d'hommes, sur lesquels nous sommes le plus souvent sans action* » (Depont, *Aperçu sur l'administration des indigènes musulmans en Algérie*, Congrès international de sociologie coloniale, t. 2, p. 74) ; — V. en outre, Arnaud, le *Panislamisme et la France*, Revue franco-musulmane et saharienne, septembre 1902, p. 34.

des tribus administrées par un seigneur ayant chez lui tout pouvoir pour assurer la paix » (1).

D'autre part, si la répartition des indigènes en familles, douars et tribus a été respectée, cette répartition n'a plus, à l'heure actuelle, qu'un caractère tout à fait artificiel et arbitraire, et ne présente, à proprement parler, qu'une importance purement administrative.

Enfin, si les Musulmans algériens sont encore régis par leurs lois et coutumes, ce n'est que dans les limites fixées par la législation française spéciale à l'Algérie ; et il n'est pas douteux que, dans l'esprit de ceux qui ont élaboré cette législation, les Musulmans algériens ne relèvent, en principe, même dans les matières de droit privé, que du droit français, et que la sphère d'application du droit musulman et des coutumes indigènes est destinée à se restreindre progressivement.

La politique suivie par la France en Algérie à l'égard des indigènes, est donc, nettement, une politique d'assimilation. Si bien que c'est en ce pays, semble-t-il, que l'action de la civilisation chrétienne a atteint son maximum d'intensité, là, par conséquent, qu'elle a dû donner son maximum de résultats, — et si, au contact de la civilisation chrétienne, les Musulmans doivent évoluer, c'est en Algérie que cette évolution doit se dessiner avec le plus de netteté.

49. — Or, les conceptions traditionnelles de nos Musulmans, touchant le droit de famille, ont-elles subi quelque transformation ? — Il ne paraît pas que, jusqu'à présent, elles se soient sensiblement modifiées. Les indigènes algériens restent fortement attachés à celles de leurs lois qui gouvernent leur état et leur capacité, et ne profitent guère des facilités qu'on leur donne pour se placer sous l'empire du statut personnel français. C'est ainsi qu'en 1900, alors que les derniers recensements accusent une population indigène de 4,072,089 individus, le chiffre des naturalisations concédées ne s'est élevé qu'à 20, — et que pour une période de temps allant de l'année 1865 à l'année 1900, le chiffre de ces naturalisations n'a pas dépassé 1,151 (2).

De même, les mariages entre Musulmans et Européennes ou Juives sont extrêmement rares. Les statistiques, pour l'année 1900, n'accusent, en effet qu'un seul mariage entre

(1) Arnaud, le *Panislamisme et la France,* Revue franco-musulmane et saharienne, septembre 1902, p. 33.

(2) Statistique générale de l'Algérie, 1900.

Musulman et Européenne. De 1891 à 1900, la moyenne de ces mariages n'a été que de 4 par année ; elle a été de 5, pour les mariages entre Musulmans et Juives.

D'autre part, les efforts faits par l'Administration pour déterminer les indigènes à renoncer à la vie nomade ont été, la plupart du temps, couronnés d'insuccès. Le village indigène d'Aïn-Mahbet, fondé, il y a quelques trente ans, aux environs de Djelfa, a été déserté par la plupart de ses habitants. — Dans la région du Djebel Amour, nombre de ksours sont aujourd'hui abandonnés, leurs habitants préférant vivre sous la tente, plutôt que de rester confinés dans des maisons (1). — Et près d'Aïn-el-Ibel, l'on voit un ksar en ruines où le général Margueritte a cherché, mais en vain, à retenir les nomades de la région (2).

Enfin, il est fréquent de voir des officiers indigènes qui, pendant des années, ont vécu de la vie de nos officiers, regagner, une fois retraités, la tente ou le gourbi, et renoncer à un genre d'existence dont, semble-t-il, au contact permanent et prolongé d'Européens, ils auraient dû prendre l'habitude et le goût.

50. — Or, il n'est pas douteux que, dans une très large mesure, cet état de choses s'explique par ce fait que la foi musulmane s'est conservée à peu près intacte en Algérie. Il est possible, qu'en certaines villes, l'on rencontre des musulmans non croyants ; mais ceux qui, à Alger par exemple, s'abstiennent des pratiques de leur religion, — qui, notamment, n'observent plus d'une façon stricte, le jeûne du ramdhan, sont très peu nombreux, et constituent une minorité infime, tout à fait négligeable.

C'est qu'en effet, l'islamisme ne compte guère d'apostats (3) ; et les missionnaires chrétiens, eux-mêmes, ont dû reconnaître l'inutilité de leurs efforts et renoncer à toute tentative de conversion (4).

(1) Fabre, *Monographie de la Commune indigène de Tiaret-Aflou*, Bulletin de la Société de Géographie d'Oran, juillet-septembre 1902, p. 268.

(2) Chobaut, *Voyage chez les Beni-Mzab*, p. 30.

(3) De Castries, *l'Islam*, 211.

(4) De Castries, *op. cit.*, p. 213 et 214 ; — Mgr Le Roy : « En ce qui concerne l'action que les missionnaires chrétiens peuvent avoir sur le monde islamique, j'estime qu'il n'y a qu'une chose à faire actuellement avec les musulmans : c'est de les laisser tranquilles » (Congrès international de sociologie coloniale, t. I, p. 378 et 379) ; — Basset, *Quest. dipl. et col.*, 1 octobre 1901, p. 388.

Et comme, pour les Musulmans, le droit et la religion se confondent, nos indigènes estiment qu'ils ne pourraient, sans se rendre coupables d'apostasie, renoncer à leur droit traditionnel de famille pour ne plus relever, au point de vue du statut personnel, que de la loi française. « La distinction du civil et du religieux, dit, en effet, Abou Bekr Abdesselam ben Choaïb, que les législations européennes, petites filles du droit romain, consacrent, est incompréhensible aux yeux des musulmans. Le droit « *figh* » est une partie de la religion « *din* », et la religion « *din* » n'est point autre chose que le droit « *figh* ». Dans ces conditions, il est certain qu'aux yeux de l'orthodoxie musulmane un abandon même partiel du droit civil aurait le caractère d'apostasie. On ne renonce pas facilement à des règles qui, soit qu'elles concernent le régime successoral, ou l'organisation familiale, ou les preuves judiciaires, ont également une origine divine » (1).

Mais il est bon de remarquer que, si les Musulmans tiennent pour incompréhensible la distinction du civil et du religieux, il s'en faut de beaucoup que les doctrines religieuses de l'Islam n'aient point évolué. « L'Islamisme, de nos jours, en effet, est loin de ressembler à l'Islamisme idéal (non réel), que les théologiens se figurent avoir existé au temps des quatre premiers khalifes. Envahi par les doctrines parsanes du *Soufisme*, la religion de l'Islam n'a cessé depuis longtemps d'évoluer vers le mysticisme. Théoriquement, dogmatiquement, elle n'a pas changé ; en fait, elle n'est qu'un voile jeté sur les anciennes croyances populaires déformées, et sur les doctrines hétérodoxes qui aboutissent à un véritable panthéisme » (2). — De même, dans le Moghreb, le goût des Berbères pour le culte de l'homme, a provoqué, en dépit de leur islamisation, un développement extraordinaire du maraboutisme, c'est-à-dire du culte des saints (3). — En somme, dans toutes les contrées où il a pénétré, l'islamisme a subi l'empreinte des traditions et des croyances locales, et n'est plus, dans la plupart des cas, qu'une adaptation de la lettre coranique à ces croyances et à ces traditions locales. — D'autre part, nous l'avons montré précédemment (4), les Musulmans des premiers siècles de l'Hégire n'ont point hésité, en différentes circonstances, à ne tenir aucun compte de prescriptions formelles, impératives du Coran qui allaient

(1) Congrès international de sociologie coloniale, t. 2, p. 146.

(2) Cahun, *Le monde islamique*, *loc. cit.*, p. 544.

(3) Doutté, *L'Islam algérien en 1900*, p. 38 et suiv.

(4) V. *sup.*, nos 22, 33 et 39.

à l'encontre de certaines coutumes qui leur étaient particulièrement chères. — Enfin, Sawas Pacha a montré que rien n'était plus facile que « d'islamiser toutes les vérités, de les asseoir sur des bases absolument orthodoxes, et de les rendre par conséquent, non seulement acceptables, mais obligatoires pour la conscience mahométane » (1).

En sorte que l'attachement des musulmans à leur religion, non plus que la confusion qui existe, dans leur esprit, entre le domaine du droit et celui de la religion, ne suffisent à expliquer la répugnance des indigènes pour nos institutions, et leur désir de conserver leur statut personnel, désir si sérieux qu'Abou Bekr Abdesselam ben Choaïb a pu écrire qu'une naturalisation « courrait le risque de blesser la grande masse de la population algérienne musulmane et de remplacer dans son cœur l'amour profond de la France par un sentiment beaucoup moins doux » (2).

51. — Cette répugnance des indigènes pour nos institutions s'expliquerait-elle, alors, par ce fait qu'ils ne nous connaissent pas ou nous connaissent mal, parce que nous aurions négligé de les instruire de ces institutions et d'attirer leur attention sur les côtés séduisants ou avantageux de notre civilisation ? — En aucune manière. La France a fait beaucoup, en Algérie, pour l'instruction des indigènes (3) ; mais l'on est obligé de reconnaître, qu'à l'heure actuelle encore, les résultats de ces efforts sont à peu près nuls. En dehors de quelques indigènes « pour qui l'amour de la civilisation n'est qu'un moyen de parvenir » (4), — et de quelques autres qui manifestent d'une réelle curiosité scientifique (5), et constituent l'embryon de ce que l'on pourrait appeler un parti « jeune turc », — les autres, c'est-à-dire la presque totalité, semblent plus attachés à leur religion, et plus convaincus de la supériorité de celle-ci que ne l'étaient leurs pères.

Cela tient, tout d'abord, à ce que « l'Islamisme, en présence du Christianisme, s'accentue et s'exalte » (7).

(1) Sawas Pacha, *op. cit.*, *Considérations préliminaires*, p. XXVII.

(2) *Congrès international de sociologie coloniale*, t. 2, p. 146.

(3) Larcher, *Traité élémentaire de législation algérienne*, t. 1, p. 435 et suiv. ; Bernard, *L'instruction des indigènes de l'Algérie, Congrès international de sociologie coloniale*, t. 2, p. 379 et suiv. ; voir, en outre, les procès-verbaux de ce Congrès, t. 1, p. 541 et suiv.

(4 et 5) Marçais, *Quest. dipl. et colon.*, 1er octobre 1901, p. 401 et 402.

(6) Doutté, *Quest. dipl. et col.*, 1er octobre 1901, p. 396.

Cela tient surtout à ce que ceux à qui nous avons donné l'instruction, n'ont vu que les mauvais côtés de nos institutions, et n'ont été frappés, dans le spectacle de notre civilisation, que par les vices qu'elle entraîne. Aussi la croyance, qu'ils avaient, déjà, dans la supériorité de leur foi, s'en est-elle accrue. « A voir, dit, par exemple, Mohammed ben Rahal, les ravages que causent chez l'Européen la dissolution de la famille, la dépravation des mœurs, l'alcoolisme, le malthusianisme, l'agiotage, le surmenage, l'anarchie, l'amour effréné des richesses, les amusements formidables, les jouissances immodérées, une liberté licencieuse, on en arrive à se demander qui est le plus malade des deux, et si l'islamisme ne serait pas pour lui un refuge et une branche de salut. Qui sait s'il pourra résister autant que le Musulman, n'ayant pas, comme lui, ce soutien inébranlable et indestructible : la Foi » (1). — Aussi, M. Doutté constate-t-il que « les Musulmans instruits sont ceux qui sont le plus éloignés de nous » (2).

52. — Et il faut bien reconnaître qu'il n'en pouvait être autrement. Les idées, les tendances, les aspirations d'un peuple sont toujours commandées par l'hérédité et le milieu ; elles sont en rapport étroit avec son état social et ses besoins économiques ; et il ne suffit pas, pour que ces tendances se modifient et que ce peuple s'assimile des idées nouvelles, qu'il ait entendu formuler ces dernières. Il faut qu'il les comprenne ; et il ne les comprendra que le jour où il aura senti le profit qu'il lui est possible d'en retirer, c'est-à-dire le jour où son état social se sera modifié, et où des besoins économiques nouveaux se seront manifestés.

Mais, l'état social de nos Musulmans d'Algérie, de même que les conditions économiques dans lesquelles ils vivent, diffèrent encore notablement des nôtres ; nos besoins ne sont pas les leurs. Si bien que, tant qu'il en sera ainsi, nos Musulmans continueront à n'apercevoir que les conséquences fâcheuses que peut avoir le fonctionnement de nos institutions, à ne voir que les mauvais côtés de notre régime économique, à être surtout frappés de ce fait que « la lutte des classes qui déchire le monde civilisé est inconnue en pays d'Islam » (3). — Mais que leurs besoins viennent à s'accroître et à se rapprocher des nôtres, et alors ils évolueront à leur

(1) *Quest. dipl. et col.*, 1er novembre 1901, p. 545.

(2) *Loc. cit.*

(3) Mohammed ben Rahal, *loc. cit.*, p. 541.

tour, car « la manière de produire et de vivre est le grand facteur de l'évolution de la race humaine..., et l'histoire prouve que les moyens de produire ont changé d'une manière définitive et irrévocable les mœurs, les lois, le développement intellectuel et l'organisation du travail » (1).

53. — Or, il semble, qu'à l'heure actuelle, se manifestent quelques tendances à un rapprochement entre Musulmans et Européens, provoquées par une communauté d'intérêts économiques. Dans les villes, les ouvriers indigènes vivent de plus en plus de la vie des nôtres et commencent à fraterniser avec eux (2). — De même dans les régions où s'est développée la colonisation européenne, les progrès de celle-ci ont eu pour conséquence fatale la dépossession progressive des indigènes. « Les Européens ont acheté la majeure partie des terres des indigènes, dont les anciens propriétaires sont devenus leurs fermiers, leurs khammès ou leurs ouvriers. Fatalement, rapidement, il se constitue, en Algérie, un prolétariat indigène dénué de tout » (3). C'est là une situation, à certains égards, grosse de périls, mais qui marque le point de départ d'un rapprochement entre l'élément musulman et l'élément européen, basé sur la conscience d'une communauté d'intérêts dérivant d'une parité de situations.

C'est ainsi que M. Le Chatelier constate que « les rapports de l'ouvrier français avec l'ouvrier musulman sont empreints d'une réelle cordialité » (4). — Et M. Doutté remarque que « les unions irrégulières entre indigènes et européens sont, dans

(1) Van Kol, *Congrès international de sociologie coloniale*, t. 1, p. 361.

(2) Le Chatelier, *op. cit.*, p. 174 ; Doutté, *Quest. dipl. et col.*, 1er octobre 1901, p. 396 ; Marçais, *eod. loc.*, p. 400.

(3) Demontès, *La Stidia*, Bull. de la Soc. de géog. d'Alger, 3e tr. 1902, p. 401 ; — Arnaud, *loc. cit.*, p. 36. — En quelques régions de l'Algérie, cependant, dans l'arrondissement d'Orléansville par exemple, l'on constate le phénomène inverse. Les indigènes rachètent des Européens qui, peu à peu, sont éliminés (Boyer-Banse, *La Propriété indigène dans l'arrondissement d'Orléansville*, p. 90 et suiv.). Mais c'est là une situation tout à fait exceptionnelle. Il est à remarquer, d'autre part, que là où elle se rencontre, on remarque une tendance au développement de la grande propriété indigène au préjudice, non seulement de l'élément européen, mais aussi de l'élément indigène. Il n'y a pas tendance au rétablissement du *statu quo ante*, mais accaparement de la propriété par le fait de quelques capitalistes indigènes ; ce qui, au point de vue de l'intérêt général, présente des inconvénients identiques (Pouyanne, *La Propriété foncière en Algérie*, p. 918 et suiv.).

(4) Le Chatelier, *op. cit.*, p. 175.

la classe laborieuse, beaucoup plus fréquentes qu'on ne se le figure ; ... que les exemples d'amitié fidèle et de dévouement sont innombrables ; ... et que c'est parmi les travailleurs que nous comptons le plus de musulmans amis » (1). — Enfin, au Congrès du Parti socialiste ouvrier algérien, qui s'est tenu à Constantine en octobre 1902, l'un des orateurs est venu déclarer que « l'indigène commence parfaitement à comprendre la solidarité ouvrière » (2), ajoutant qu'il était possible de faire des indigènes des citoyens conscients, surtout si, à l'enseignement du français, l'on joignait un enseignement professionnel.

Ici encore, par conséquent, c'est la transformation économique qui paraît devoir être le factenr le plus puissant de l'évolution sociale; — et, comme l'a dit M. Le Chatelier, et, après lui, M. Doutté, si un rapprochement doit se faire entre les deux races, c'est par en bas, et non par en haut, qu'il est destiné à se réaliser (3).

---

(1) Doutté, *loc. cit.*, p. 396 et 397.

(2) Paoli, *Les Congrès socialistes algériens (Rev. socialiste*, janvier 1903, p. 62).

(3) Le Chatelier, *op cit.*, p. 177 ; — Doutté, *loc. cit.*, p. 396.

Alger. — Typographie Adolphe Jourdan.

EN VENTE A LA LIBRAIRIE A. JOURDAN

DEPONT (A.) et COPPOLANI (X.). — **Les Confréries religieuses musulmanes.** 1 gros volume in-4°, avec carte........ 25 fr.

FAGNAN (E.), I. ✪. — **Histoire des Almohades** d'Abd el-Wah'id Merrâkechi, traduite et annotée. 1 vol. in-8°............ 7 fr. 50

Un chant algérien du XVIII° siècle. Brochure in-8°, texte français et arabe........... 1 fr. 50

Alger au XVIII° siècle par Venture de Paradis. Un volume in-8°................. 3 fr. 50

Annales du Maghreb et de l'Espagne de Ibn el-Athir. 1 vol. in-8°.............. 10 fr.

GRAMMONT (H.-D. DE). — **Correspondance des Consuls d'Alger** (1690-1742). 1 vol. in-8°... 6 fr.

GSELL. — **Cherchell, Tipasa, Tombeau de la Chrétienne.** 1 vol. in 16, cartonné........... 2 fr.

HAMEL (L.). — **Du régime des eaux en Algérie.** Brochure in-8°.................. 2 fr. 50

HAMET. — **Nour-el-Eulbab** *(lumière des cœurs)*. Une brochure in-8°................ 1 fr. 50

Cinq mois au Maroc, avec huit gravures. Broch. in-8°. 2 fr. 50

IBN EL IMAM. — **Des droits et obligations entre propriétaires d'héritages voisins,** traduit de l'arabe par BARBIER. Un volume in-8°.............. 3 fr. 50

MERCIER (E.), ✻. — **La condition de la femme musulmane dans l'Afrique septentrionale.** 1 vol. in-18.................. 2 fr.

Le Hobous ou Ouakof, ses règles et sa jurisprudence. Une brochure in-8° raisin.............. 2 fr.

La propriété foncière musulmane en Algérie. *Condition légale, situation antérieure, état actuel de la question.* In-8, raisin.................... 2 fr.

MORAND. — **La prescription dans la législation musulmane.** Br. in-8°................... 3 fr.

L'autorité de la chose jugée en droit musulman. Brochure in-8°.................. 2 fr.

PARMENTIER (C.), ✻. — **Vocabulaire arabe-français.** Broch. in-8°............. 3 fr. 50

PEIN (colonel), C. ✻. — **Lettres familières sur l'Algérie.** 1 vol. in-18.............. 3 fr. 50

POUYANNE (M.). — **La propriété foncière en Algérie.** 1 volume in-8°................. 15 fr.

RENARD. — **Histoire de l'Algérie** *racontée aux petits enfants.* Un vol. in-18 cartonné........ 1 fr.

RINN (Louis), O. ✻, I. ✪. — **Marabouts et Khouan,** *Étude sur l'Islam en Algérie.* 1 vol. in-8°, avec carte.............. 15 fr.

Histoire de l'insurrection de 1871 en Algérie. 1 vol. in-8°. avec deux cartes ...... 15 fr.

Régime de l'indigénat. Broch. in-8°.................. 2 fr. 50

Le séquestre et la responsabilité collective. Une brochure in-8°.................. 2 fr. 50

Le royaume d'Alger sous le dernier Dey, avec carte en 7 couleurs, 1 vol. in-8°...... 6 fr.

ROBIN (N.), O. ✻, I. ✪. — **Le Mzab et son annexion à la France** Brochure in-8°........ 1 fr. 50

Histoire du chérif Bou-Bar'la. 1 beau volume in-8°... 7 fr. 50

ROLAND DE BUSSY, ✻. — **Cours complet de dialecte arabe.** 1 volume in-8°.......... 10 fr.

SUMIEN (P.). — **Du régime des successions vacantes en Algérie.** Brochure in-8°... 1 fr. 50

Le régime législatif de l'Algérie. 1 vol. in-8°........ 3 fr.

Le Homestead et la question de la propriété foncière en Algérie. Brochure in-8°.. 1 fr. 50

TRUMELET (C.), C. ✻, I. ✪. — **Histoire de l'insurrection des Ouled-Sidi-ech-Chikh (Sud algérien)** *de 1864 à 1868.* Un vol. in-8°............ 15 fr.

Blida. Récits selon la légende, la tradition et l'histoire. 1 gros vol. in-18................ 6 fr.

Bou-Farik. Une page de l'histoire de la colonisation algérienne. 2° édition. 1 vol. in-18..... 4 fr.

L'Algérie légendaire. Un volume in-18.................. 4 fr.

VILLOT, O. ✻, I. ✪. — **Mœurs, Coutumes et Institutions des Indigènes de l'Algérie.** 3° éd. 1 volume in-18....... 3 fr. 50

Instruction pratique sur le service des colonnes en Algérie. 1 vol. in-18....... 2 fr. 50

Alger. — Typ. A. Jourdan

www.ingramcontent.com/pod-product-compliance
Ingram Content Group UK Ltd.
Pitfield, Milton Keynes, MK11 3LW, UK
UKHW021203220726
13924UKWH00003B/1290